NÔMADES

NÔMADES

de Marcio Abreu e Patrick Pessoa

Colaboração de Andrea Beltrão, Malu Galli, Mariana Lima e Newton Moreno

Cobogó

Sumário

Prefácio: Olhar de dentro, por Marcio Abreu 7

NÔMADES 11

Fotos de cena, por Nana Moraes 57

Posfácio: O dramaturgo como trapeiro, por Patrick Pessoa 67

Olhar de dentro

"Nada se move menos que um nômade."
Gilles Deleuze

Um nômade do deserto desloca-se no perímetro do deserto pois nele quer permanecer. Percorre vastas extensões de um mesmo território para sobreviver sem sair dali. Um habitante do deserto se faz deserto.

Um índio que se desloca de uma parte a outra numa floresta tropical constrói sua vida material e simbólica intimamente vinculado às potências daquela porção de terra. Um habitante da floresta se faz floresta.

Um cidadão de uma cidade qualquer que por circunstâncias diversas é impelido a mudar-se de casa, a afastar-se do centro, a ir de um lado para outro em busca de sobrevivência nas enormes massas urbanas que proliferam no planeta, assim o faz porque precisa ficar ali. Um habitante da cidade se faz cidade.

Mover-se para permanecer. Esta aparente contradição articulada pelo brilhante e singular pensamento de Deleuze iluminou desde o início a base para a criação de *Nômades*.

Outras tantas referências surgiram criando um conjunto heterogêneo de informações e estímulos, formando um território comum a todos nós, artistas criadores desta peça.

A dramaturgia que apresentamos aqui é fruto de uma experiência de trocas múltiplas, do vai e vem entre o papel e a cena e da concretude do cotidiano de construção de um trabalho no teatro. É esse o território que habitamos. Compartilhamos muitas horas de convivência dentro das instalações do Teatro Poeira, construindo uma ficção nascida da sala de ensaio. O texto e a cena criados simultaneamente.

É sempre difícil falar sobre uma peça quando somos tão absorvidos por ela. Enviar notícias de dentro do olho do furacão é uma tarefa quase impossível. Vou tateando e penso que *Nômades* é, além de tantas coisas — e isso só você, leitor, e você, espectador, saberão dizer —, a história de três amigas, atrizes, que perdem uma quarta amiga, também atriz. É sobre o que acontece com essas mulheres depois da notícia da morte, sobre como elas reagem diante da urgência do tempo e da vida. É apenas isso e tudo isso. É, ainda, sobre como articulamos o texto e a cena. É o "o quê" e também o "como". Sabemos que uma obra no teatro não é apenas o que se pode falar sobre ela. Aliás, não é mesmo! A experiência viva do teatro só se dá em sua completude.

Sabemos também que dramaturgia e encenação são duas instâncias muitas vezes indissociáveis, e penso ambas como experiências radicais de criação na arte, na medida em que fazemos existir o que antes não existia. E, para isso, nos colocamos por inteiro no limite entre a vida e a morte. O olhar não é de fora. É de dentro. Do mais fundo e profundo dentro. E, desse lugar, buscamos nadar até a superfície para encontrar o outro. E esse encontro, de dentro para fora, é a nossa maior expectativa.

Daqui de dentro, posso falar que a intensidade da vida pulsa. Que é um prazer indescritível conviver com esses artistas. Que jamais vou esquecer a entrega dessas atrizes formidáveis, singulares e generosas. Que foi maravilhoso escrever um texto em parceria com meu dileto amigo Patrick Pessoa. Que foi fundamental a colaboração da Andrea Beltrão, da Mariana Lima e da Malu Galli na concepção desse texto. Que foram adoráveis as conversas com o Newton Moreno. Que foi imprescindível habitarmos o Teatro Poeira durante todo o tempo de criação desta dramaturgia, já que um ato de criação é matéria frágil e permeável às pessoas, ao meio e aos imprevistos.

Daqui de dentro, do teatro, digo que estamos nos movendo muito. E que permaneceremos aqui.

Marcio Abreu
Junho de 2015

NÔMADES

de Marcio Abreu e Patrick Pessoa

Colaboração de Andrea Beltrão, Malu Galli, Mariana Lima e Newton Moreno

Nômades estreou em 17 de outubro de 2014 no Teatro Poeira, no Rio de Janeiro.

Dramaturgia
Marcio Abreu e Patrick Pessoa

Colaboração
Andrea Beltrão, Malu Galli, Mariana Lima e Newton Moreno

Concepção e Direção
Marcio Abreu

Elenco
Andrea Beltrão
Malu Galli
Mariana Lima

Cenário e Objetos
Fernando Marés

Figurino
Cao Albuquerque e Natalia Duran

Visagismo
Lu Moraes

Iluminação
Nadja Naira

Direção Musical
Felipe Storino

Direção de Movimento
Marcia Rubin

Direção de Produção
José Luiz Coutinho e Wagner Pacheco

Assistente de Ensaios
Isael Inacio

Assistente de Cenografia
Eloy Machado

Oficina de Street Dance
Mayckon Almeida

Oficina de Flamenco
Clara Kutner

Oficina de Cajón
Alessandro "Alejo"

Direção de Palco
Marcia Machado

Contrarregras
Lenilson Souza e Eloy Machado

Operador de Luz
Ana Luzia Molinari

Operador de Som
Raphael dos Santos

Cenotécnico
André Salles

Equipe Cenotécnica
Walmir Junior, Gilberto Kalkman, Sr. Ivan e Jorge Ferreiro

Alfaiates
Walmir Ferreira e Alex Leal

Projeto Gráfico
Cubículo — Fabio Arruda e Rodrigo Bleque

Fotos
Nana Moraes

Making of
Maria Flor

Assessoria de Imprensa
Factoria Comunicação — Mario Canivello e Vanessa Cardoso

Administração Financeira
Dadá Maia

Porteiros
Sergio Lopes e Renato Magalhães

Esta peça foi escrita para e com Andrea Beltrão, Malu Galli e Mariana Lima.

PERSONAGENS

ANDREA

MALU

MARIANA

Andrea, Mariana e Malu são três atrizes célebres, na casa dos 40 anos, conhecidas por seus trabalhos no teatro, na televisão e no cinema.

ÚLTIMAS HOMENAGENS

As três atrizes estão de luto. É o momento que se segue ao fim do enterro de uma grande amiga. Elas assumem uma postura de intimidade com a morta, como se ela ainda estivesse entre elas.

Mariana acende um cigarro. Andrea chacoalha uma coqueteleira.

MARIANA: Deixa ela fumar um último cigarrinho...

Andrea prepara três copos e começa a servi-los.

MARIANA: O que você está fazendo?

ANDREA: O *dry martini* dela...

MALU: A saideira...

ANDREA: ...uma dose de *Tanqueray*, duas gotas de angustura e uma azeitona verde.

Andrea tira um vidro de azeitonas do bolso e joga uma em cada um dos três copos. Distribui os copos entre as amigas. Brindam.

ANDREA: Ela passou rápido por aqui, abusou da máquina, queimou o pavio num piscar de olhos e explodiu tudo.

Pausa longa.

MARIANA: Eu tinha tanta coisa para dizer para ela, tanta.

MALU: Eu também tinha muita coisa para dizer.

ANDREA: Fala com ela.

MALU: Ela não tem mais como escutar.

ANDREA: [*para Mariana*] Fala com ela.

MARIANA: Falar o quê?

ANDREA: Você não disse que tinha tanta coisa para dizer para ela? Então diz.

MARIANA: Mas eu não sei por onde começar...

MALU: Meu amor, eu não sei se você está escutando, mas acho que isso não importa. O que importa é que a gente está aqui. Com você.

Ouvem "Valerie", de Amy Winehouse, no celular.

ENTREVISTA

Um sofá.

MARIANA: Então, a gente pode começar?

ANDREA: Sim.

MALU: Você está nervosa?

ANDREA: Estou.

MARIANA: E aí, tudo bem?

ANDREA: Sim.

MALU: Você gosta de dar entrevista?

ANDREA: Não.

MALU: Por quê?

ANDREA: Prefiro não.

MARIANA: Mas tem alguma coisa numa entrevista que especialmente te incomoda?

ANDREA: Sim.

MARIANA: O quê?

ANDREA: A entrevista.

MALU: Então você não gosta de dar entrevista?

ANDREA: Não.

MALU: Essa peça é sobre o quê? Qual é o assunto?

ANDREA: Isso é uma entrevista?

MALU: Como assim?

MARIANA: É só você na peça?

ANDREA: Não, somos três.

MARIANA: Ah, é. Quem são as outras duas?

ANDREA: Duas grandes amigas.

MALU: Nossa! Interessante!

ANDREA: Muito.

MARIANA: É louco, né? Você acha que essa peça tem a ver, assim, com o momento que você está passando na sua vida? Tem a ver com você?

ANDREA: Sim.

MALU: Você só vai falar duas ou três palavras por resposta?

ANDREA: Não, depende.

MALU: É, bom, vamos falar mais sobre a peça?

ANDREA: Você quer mesmo falar sobre a peça?

MALU: Como é que começou o projeto?

ANDREA: É... [pausa longa. Riso] O projeto...

MALU: Você tomou alguma coisa?

ANDREA: Não, eu estou ótima. Quando eu pedi pra entrar na peça, elas já estavam juntas nessa história há bastante tempo.

MARIANA: Mas você pediu, assim, como?

ANDREA: Foi um ato de coragem inesperado.

MARIANA: E elas reagiram como?

ANDREA: Surpresas. Eu fiquei em pânico de não ser aceita.

MARIANA: Mas você foi.

ANDREA: É, deu certo.

MALU: Mas a peça é sobre o quê?

ANDREA: Não dá só pra falar, entende? Tem que ver a peça.

MARIANA: Não dá, assim, pra resumir?

ANDREA: Resumidamente... não.

MALU: Mas por que vocês escolheram esse texto?

ANDREA: Quando a gente começou, não tinha texto.

MARIANA: Como assim, não tinha texto?

ANDREA: Antes não tinha, não. Agora tem.

MALU: E como é que se começa a ensaiar uma peça sem texto?

ANDREA: Do mesmo jeito que se começa, de verdade, qualquer coisa.

MARIANA: E como é que é isso?

ANDREA: A gente começa tateando, improvisando, buscando um jeito novo de ver alguma coisa.

MALU: Você acha que a peça vai ser um sucesso?

ANDREA: Não importa.

MALU: Mas vocês esperam que as pessoas venham ver...

ANDREA: Claro! A gente acha o projeto importante!

MALU: Por que você acha o projeto importante?

Digressão.

Enquanto fala, Andrea vai se transformando em outra.

ANDREA: Por quê?! Pela união da equipe, pelas pessoas envolvidas, pela força de expressão que elas têm. A peça mostra os dois lados do trabalho, e o trabalho oscila entre as nossas próprias vidas, a teatralidade envolvida e a bênção, a bênção de poder dizer alguma coisa que realmente importa pra gente. E eu não tenho vergonha nenhuma disso, acho maravilhoso poder dizer coisas. Quando a gente começou a ensaiar essa peça eu estava com medo, porque eu achava que ninguém ia se interessar pelas vidas dos atores e por tudo o que eles passam para levantar um espetáculo. Mas quando eu olho para a plateia, para vocês, eu percebo que sim, as pessoas estão, sim, interessadas na teatralidade, porque quase todo mundo quer ser engraçado, quase todo mundo quer ser dramático, quase todo mundo quer se sentir vivo! Eu acho essa peça incrível, eu acho que é uma das melhores peças que eu já fiz na minha vida. Eu gosto demais dessa peça. Eu queria que todo mundo viesse assistir a essa peça. Porque eu garanto que quem vier aqui não vai ver uma coisa estúpida, mas vai ver, sim, alguma coisa que desperta as nossas emoções. E eu gosto disso, é disso que eu gosto. Eu nunca pedi pra ninguém assistir às minhas peças, mas eu quero ver filas dando voltas no quarteirão amanhã, de verdade, filas dando voltas no quarteirão! Porque a gente vive numa cidade que é, provavelmente, uma das melhores cidades do mundo, mas que é também uma cidade preguiçosa, afetada, superficial, cheia de gente que só vai aonde os outros vão, e eu acho maravilhoso ver pessoas se arriscando, tentando fazer alguma coisa diferente. E nós, todos nós aqui, estamos fazendo coisas. Eu não tenho mais paciência para essas pessoas que só querem ver o que faz sucesso, ou o que um crítico qualquer indica, que só ficam pensando: será que vai ser um sucesso? Será que vai ser mesmo um sucesso? Não importa se vai ser um sucesso. Eu quero que essas pessoas, esses cagões que só pensam no sucesso, venham aqui ver essa peça, porque aqui eles vão ver pessoas sendo, sendo coisas. Sendo teatrais, maravilhosas, amadas, amigas, com uma vida calorosa, com muito mais colhões do que eles, pessoas se arriscando. Eu não estou dizendo que nós somos seres sobrenaturais, não, nós somos apenas pessoas incríveis, nós todos aqui, nós somos sensacionais, porque hoje nós saímos das nossas casas e viemos até aqui... Por isso nós somos muito melhores do que esses cagões que só pensam em ganhar dinheiro. Então abre o olho! Eu acho essa peça maravilhosa. Todo mundo deveria ver. Todas as mães do mundo deveriam trazer seus filhos. Porque essa peça... é incrível. É isso, é isso que eu acho. As coisas são como são. Desculpe, querida, as coisas são como são.

Agora, Andrea é Donna Summer. Interpreta "I Feel Love". Mariana e Malu estão ali.

Agora, Mariana é Robert Smith. Interpreta "Close to Me", do The Cure. Andrea e Malu estão ali.

Agora, Malu é Maria Bethânia. Mariana e Andrea estão ali.

ENTREVISTADOR: E você não se identifica com rótulo nenhum, digamos?

BETHÂNIA: Nenhum. Sou meio à margem.

ENTREVISTADOR: Marginal?

BETHÂNIA: À margem.

ENTREVISTADOR: Você só faz as coisas que curte muito ou você prefere não sair de casa?

BETHÂNIA: Eu prefiro ser fiel... a mim. Isso eu não sei qual é o nome que as pessoas dão.

ENTREVISTADOR: Mas você acha que não tem ideias muito evoluídas sobre as coisas?

BETHÂNIA: Eu não sei, meu filho, eu...

ENTREVISTADOR: ...modernas?

BETHÂNIA: Se eu tenho?

ENTREVISTADOR: Avançadas, é isso? Não é basicamente o que você teria dito antes?

BETHÂNIA: Não, não. Não é nada disso. Minhas ideias são qualquer coisa. Eu já falei isso. Vocês podem colocar o nome que vocês quiserem.

ENTREVISTADOR: E também as suas opiniões pessoais só servem pra você também, é isso?

BETHÂNIA: É lógico!

ENTREVISTADOR: E em relação a lesbianismo, sua opinião pessoal é...?

BETHÂNIA: É que é igual a você não ser. Ou você é veado ou você não é veado. As duas coisas são idênticas.

ENTREVISTADOR: Sim, mas certas pessoas têm certos preconceitos, digamos, contra determinadas ideias. Então...

BETHÂNIA: ...Você estava perguntando a minha, não estava? A minha é essa.

Malu-Bethânia interpreta "Um índio".

Em seguida, reconfigura-se novamente a entrevista inicial.

Um sofá. Andrea-Donna Summer, Mariana-Robert Smith, Malu-Maria Bethânia.

MARIANA: Mas essa peça é sobre essas mulheres?

ANDREA: Não, é sobre pessoas. É sobre tudo isso: amizade, liberdade, envelhecimento, morte, desaparecimento. Sei lá. Sobre tudo que a gente é capaz de dizer.

MARIANA: Ah, sim...

MALU: Você acha isso interessante?

ANDREA: Muito!

MARIANA: Como você se vê daqui a 30 anos, por exemplo?

ANDREA: Morta.

MARIANA: Morta?! Jura?

ANDREA: Se eu chegar aos 80 do jeito que eu uso a minha máquina...

MARIANA: Por quê? Você tem um uso abusivo da máquina?

ANDREA: É, abusivo.

MARIANA: Conta um pouco para a gente como é que é.

ANDREA: Eu malho de manhã para poder beber à noite.

MARIANA: Que interessante. Você parece mesmo ser uma pessoa que cuida bem da sua saúde. Eu já li em algum lugar que, na verdade, você queria ser esportista e não atriz.

ANDREA: Exatamente.

MARIANA: Mas por quê? Você é uma atriz tão bem-sucedida, que faz trabalhos muito... muito... né?

ANDREA: Porque eu acho que o esporte tem uma beleza muito concreta. A nossa profissão também é cheia de beleza, mas é uma beleza mais difusa. Na nossa profissão, qualquer um pode fazer sucesso. No esporte isso não é possível.

MALU: Você não tem uma dica pra dar, assim, de boa alimentação, de beleza?

ANDREA: Não.

MALU: Não? Por quê? Você não tem nenhum cuidado com a sua beleza?

ANDREA: Sim. Eu passo cremes, com muita fé e nenhuma certeza.

MALU: Fé em quê?

ANDREA: Na cosmetologia.

MALU: Você acha que esse culto à beleza, à juventude, atrapalha uma atriz?

ANDREA: Atrapalha, atrapalha, sim. Eu acho que dá uma leitura errada, uma leitura de diva, e não de alguém que gostaria às vezes de desaparecer.

Suspensão.

Silêncio.

Súbita consciência da morte.

MARIANA: Ela vai fazer muita falta, não é?

Silêncio.

MARIANA: Vai ser difícil superar essa ausência, não vai?

Silêncio.

MARIANA: Como vai ser a vida sem ela?

MALU: Por quê? Por quê? Será que eu deveria ficar bêbada?

ANDREA: Não, por favor, agora não, a gente vai fazer isso depois.

MARIANA: Então a gente pode terminar?

Silêncio.

MALU: Essa pergunta é para mim? Basta a gente querer.

MARIANA: Então a gente pode terminar?

MALU: O que é que a gente responde? O que é que a gente pode responder numa hora dessas? A gente pode responder alguma coisa? De verdade? A gente pode? A gente quer? Pra que serve tudo isso, você se pergunta: pra que serve tudo isso? E você pensa: eu só quero sair daqui, eu só quero sair daqui, eu vou sair daqui! Eu só quero ficar sozinha.

PREPARAÇÃO PARA O VELÓRIO

Arrumam-se para o velório.

Andrea sozinha no sofá. Malu entra.

MALU: Como é que eu estou?

ANDREA: Cansada. [*pausa*] Abatida. E eu, como é que eu estou?

MALU: Exausta, né.

ANDREA: Obrigada, que ótimo. [*pausa*] Que merda!

Andrea sai.
Malu sozinha no sofá.

MALU: Será que as pessoas lá vão ficar olhando pra gente?

ANDREA: Fodam-se. [*pausa*] Meu olho está um saco de café, não está?

MALU: Não. Não está.

ANDREA: E a minha boca, parece um código de barras, não é?

MALU: Está linda. [*pausa longa*] Filha da puta! Ela tinha que ir desse jeito?

Andrea entra.

ANDREA: Vou te perguntar uma coisa: nesses anos todos de amizade, tem alguma coisa que você gostaria de me dizer e não disse?

MALU: [*pausa*] Você sabe viver. E eu, quais palavras você ainda não disse pra mim?

ANDREA: [*pausa*] Não disse hoje, ainda, que eu amo você. [*pausa*] Isso eu nunca vou deixar de dizer. Mas hoje ainda não disse. Eu amo você.

Mariana entra semipronta para o velório, desgrenhada, sem sapatos.

MARIANA: Eu não vou.

MALU: Como assim, não vai?

MARIANA: Eu não vou, não vou.

MALU: O que você está dizendo?

MARIANA: Eu não vou. Não consigo.

MALU: É difícil para mim também...

ANDREA: É difícil para todo mundo, mas a gente precisa ir.

MARIANA: Eu não preciso disso. Eu não vou.

ANDREA: Vai, sim. É claro que você vai. *Nós* vamos.

MARIANA: Vão vocês duas, eu fico. Eu não vou. Sério.

MALU: Você só pode estar de brincadeira. Não existe não ir.

MARIANA: Para mim não dá. Será que vocês não entendem?

MALU: Você acha que está doendo só em você? Só em você?!

ANDREA: A gente precisa ir.

MALU: Você acha que é fácil pra gente, você acha?

MARIANA: Não, eu não preciso ir, eu não quero ir. Isso não tinha que acontecer.

MALU: Mas aconteceu, não tem jeito.

MARIANA: Isso não podia ter acontecido.

MALU: O que você quer que eu diga? Aconteceu, caralho, aconteceu.

MARIANA: Porra! Mas...

ANDREA: ...a gente não pode fazer nada. [*pausa*] Cadê o teu sapato? Fecha esse vestido. Vem cá.

MARIANA: Para com isso, não faz assim comigo. Eu não vou, eu não quero.

ANDREA: Claro que vai!

MALU: Como não quer?! Ninguém quer. Ninguém queria que isso tivesse acontecido.

MARIANA: Isso não podia ter acontecido! Por que ela não ligou? Por que foi assim de repente, sem avisar?!

MALU: O que você queria, porra, que ela ligasse e dissesse "Olha, eu vou me matar"?!

MARIANA: Eu nunca imaginei que...

MALU: ...ninguém imaginou! Aconteceu. Só isso. Põe logo esse sapato! Vamos acabar logo com isso...

Malu e Andrea tentam arrastar Mariana até o sofá. Ela resiste.

MARIANA: Eu não vou, eu não tenho condição, estou toda mijada, toda cagada, estou com medo, aqueles abutres lá, não vou aguentar. Me larga!

Mariana cai no chão.

MALU: ...a gente não quer viver esse dia, mas a gente está vivendo.

MARIANA: Vivendo pra quê, porra? Ninguém fez nada!

MALU: Você acha mesmo que dava para alguém ter feito alguma coisa?!

MARIANA: Não sei, mas é que...

MALU: ...o que eu podia fazer?! O que a gente podia ter feito?

ANDREA: [*ajuda Mariana a se levantar*] Senta.

Mariana senta no sofá. Andrea se senta a seu lado e tenta colocar o sapato nela.

MALU: A gente não queria viver esse dia, mas a gente está vivendo...

ANDREA: As pessoas morrem, só isso. E não há nada que a gente possa fazer.

MARIANA: Mas morrer daquele jeito?!

ANDREA: Tanto faz o jeito de morrer. As pessoas morrem. Ponto final.

MALU: E a gente segue, a gente tem que seguir. As coisas são como são.

ANDREA: A gente vai seguir juntas. Sempre. Como sempre foi.

MARIANA: Mas vai ser horrível, horrível, aquele monte de gente...

MALU: ...ninguém queria passar por isso...

MARIANA: ...todo mundo olhando pra gente, olhando pra nossa dor, transformando a nossa dor numa coisa escrota... Eu não vou.

ANDREA: Nós temos que ir. Juntas.

MARIANA: Vai ser horrível.

MALU: Vai ser horrível, mas...

ANDREA: Mas a gente vai!

MARIANA: Eu não vou!

ANDREA: A gente tem que ir.

MARIANA: Eu não vou! Não vou!

MALU: Vai, sim! Nós vamos!

MARIANA: Não, eu não vou, eu já disse que não vou! Eu não vou!

ANDREA: Cadê o casaco dela? [*para Malu*] Pega o casaco dela!

Malu sai e volta trazendo um casaco. Tenta ajudar Mariana a vesti-lo, mas ela resiste.

MARIANA: [*exaltada*] Vamos ficar, por favor, fica comigo, eu não posso! [*pausa*] Eu vou ter que atravessar toda aquela gente... [*perdendo o controle*] Eu não quero, eu não aguento, eu não posso pensar nessa situação, em ver ela assim, muda, no meio daquela gente, eu não quero lembrar dela fria, dura, o nariz entupido de algodão, eu quero lembrar dela quente, me olhando, olhando pra gente com aquela cara viva... Tanta gente ruim pra ir, por que logo ela, por que ela fez isso? Porra, eu não acredito, nosso amor, tanta coisa pra viver. [*para a morta*] Eu não quero mais te ver, sua filha da puta, você tinha que ter ficado aqui, com a gente, aqui, aqui! Que merdaaaaaa! Eu queria ir primeiro, é uma merda, eu não acredito que isso aconteceu, eu não vou, eu não aguento, eu quero ir embora, ela foi embora, ela deixou a gente aqui, eu não vou, eu não vou, era tanta coisa que a gente ainda tinha pra fazer, tanta coisa que eu ainda tinha pra dizer para ela, [*para as amigas*] você disse pra ela tudo que tinha para dizer? Porra, eu amava tanto aquela mulher, como é que eu vou dizer isso pra ela agora, como?! Eu amo tanto vocês três, e vocês três não existe mais, três, vocês três, era isso que eu amava, nós, nós eternos, você vem e corta, filha da puta, como é que dá pra seguir, não dá, não dá pra seguir... Eu não vou, não vou... Me deixa aqui, por favor! Me deixa aqui! Por favor! Por favor! Eu não vou!

Andrea dá um tapa na cara de Mariana. Transição abrupta.

VELÓRIO

Andrea se dirige à plateia presente no velório da amiga.

ANDREA: Nós estamos aqui hoje reunidos para agradecer todos os sorrisos que recebemos dela, os trabalhos lindos que ela fez e a sua gargalhada inesquecível. Estamos aqui hoje para nos despedir dessa mulher tão jovem, tão linda, que passou barulhenta pela vida e acabou fazendo uma saída silenciosa, inesperada. Uma mulher que dedicou a própria vida a viver a vida de outros. Uma grande, grande atriz, respeitada e amada por todos, apesar de ter sido sempre tão desbocada e, muitas vezes, furiosa. Quando pensamos numa mulher brilhante, exuberante, louca, esplendorosa, pensamos naturalmente nela. Ela detestava falar no telefone, tinha pavor de compromissos sociais, nunca ia às festas de aniversário dos amigos, mas mandava sempre as flores mais lindas e os maiores buquês que alguém já recebeu. Era uma mulher totalmente honesta. Só ouvia o que achava que merecia ser ouvido, e falava exatamente o que pensava. Uma amiga que raramente estava com a gente nos momentos mais difíceis, porque estava sempre muito ocupada, pulando de um trabalho para outro. Mas uma amiga que fazia a gente se sentir realmente amada, fazia a gente se sentir em casa. Uma mulher acolhedora, generosa, amada, amiga, torcedora fanática do Flamengo, cheia de personalidade, valente, sempre pronta para defender os amigos das injustiças. Eu reconheço alguns de vocês, outros não, mas sei de uma coisa: estamos profundamente, profundamente tristes com essa morte tão precoce. Só nos resta agradecer o privilégio de ter convivido com ela; a dádiva que foi o fato de ela ter existido e de ter sido exatamente como foi. Será que a gente podia fazer um minuto de silêncio em homenagem a ela?

Silêncio de um minuto. Tempo real.

BAR

Agora, Malu é Amy Winehouse. Interpreta "Valerie".

Andrea e Mariana bebem.

Malu-Amy interrompe subitamente a canção no meio de uma frase.

Suspensão.

MALU: Eu tô exausta. Eu sempre, sempre tô exausta. Desde que eu nasci. Eu sou uma pessoa exausta. Eu não sei. A vida demanda de todo mundo, não é uma coisa especial que tem comigo, mas a vida me exige muito, me demanda muito e eu me canso muito. Porque viver, pra mim, é uma coisa muito cansativa. E aí o próprio fato de eu tentar descansar me cansa ainda mais. Agora, por exemplo, eu estou muito cansada, muito exausta, trabalhando demais, e a perspectiva de tudo o que eu tenho pra fazer é foda. Aí eu fui numa médica, pra ela me dar sopas e coisas, e aí eu tenho um dia a dia de... que eu tenho que tomar um suco de manhã. Aí eu já acordo exausta porque eu tenho que preparar um suco verde. Já levanto da cama, tenho que tomar um pólen, depois água, depois esse tal desse suco, e aí eu deveria meditar, mas só o fato de eu ter que dar uma meditada me exaure e aí, aí a casa e... Hoje eu estou aqui, ótima, e eu achei que ia estar exausta, realmente exausta a ponto de não conseguir, mas não, eu estou ótima, está me dando uma energia, eu estou com uma energia agora... As pessoas na minha casa não se exaurem, entendeu? Eu tenho um marido que não fica exausto, crianças que não ficam cansadas, nunca! Eles nunca ficam cansados! E eu me canso muito, eu me canso deles, eu fico exausta com eles, eu fico exausta comigo mesma. Eu acho que eu vivo em função de resolver esse cansaço... ontológico! Esse cansaço, assim, sei lá... de viver. Eu não vou me deitar na cama e puxar a coberta... Não é uma coisa que eu faça, desistir. Eu acho que, se a nossa vida é miserável, o mínimo que a gente faz é tornar essa miséria interessante para os outros. Mas eu acho... a gente tem que dar conta de muita coisa. É uma casa, lista de coisas, crianças, trabalho, viagens, comida, um telefonema, os recados, o tempero, os amigos, o tempo, a família, ah, a família! A beleza. Ah. A beleza! Uma doença, dinheiro, mais dinheiro, porque custa, ah, custa! Custa muito, muito caro! Tudo o que você quer, tudo o que o outro quer, o gosto dos outros, a vida dos outros, o tempo dos outros, as horas, horas pra chegar, a vontade de pegar uma bicicleta e sumir, a cachorrada da vizinha, é muito barulho, é tudo muito, é muito tudo. Então... é... [*pausa*] a notícia de alguém que morreu. [*pausa*] Que se matou... [*pausa*] Eu estou exausta. As pessoas agora riem de mim porque dizem que eu tenho usado muito a expressão "eu não vou dar conta". Eu falo: ah, eu não vou dar conta! É que é uma campainha e eu já cheguei em casa, já peguei, já fiz uma lição, já botei uma criança no banho, já limpei um cocô, já estudei, já fiz uma lista de coisas muito importantes, eu estou no computador, toca uma campainha, a campainha é realmente...

Malu tem uma crise de choro.

Andrea ajuda Malu a se recompor.

Bebem.

ANDREA: Vem cá, vem dar conta dessa garrafa aqui com a gente. Porque a gente sabe muito bem que você dá conta, e a gente veio aqui neste bar para beber.

MARIANA: Finalmente!

Brindam.

MARIANA: Eu queria dizer uma coisa...

ANDREA: Que foi? Tudo bem?

MALU: Você quer falar sobre o quê?

MARIANA: Não importa...

ANDREA: Importa, sim, porque nós estamos aqui pra dizer coisas.

MALU: Qual o assunto? Será que devo ficar bêbada?

ANDREA: Sim! Eu falei alguma coisa errada ontem?

MALU: Sim!

ANDREA: Temos que olhar para as coisas com sobriedade?

MALU: Não. Tudo está contra mim?

ANDREA: Não!

MALU: Ela está bêbada?

ANDREA: Sim! Sou bonita?

MALU: Sim!

ANDREA: Estou sendo explorada?

MALU: Sim. É possível fazer tudo errado?

ANDREA: Sim. [*pausa*] Se eu cavar um buraco, isso vai me ajudar? A felicidade me encontrará? Eu poderia ter me tornado outra coisa? Resistir é inútil? Por que nada nunca acontece? Devo ser mais clara?

MARIANA: Isso é uma entrevista?

MALU: Você sabe como uma entrevista funciona?

MARIANA: Vocês estão de sacanagem comigo, não estão?

MALU: As pessoas têm razão em ter pena de mim?

ANDREA: Deixa ela falar.

MALU: Eu sei tudo sobre mim mesma? Por que não me deixam em paz?

MARIANA: Deixa eu falar um negócio...

ANDREA: Fala!

MALU: Eu sou muito doce? Estamos perdendo o controle?

MARIANA: Deixa eu falar...

ANDREA: Fala, fala agora!

MALU: Vai falar o quê?

MARIANA: Eu vou falar da gente.

ANDREA: Fala da gente!

MARIANA: A gente está aqui juntas, a gente tem entre nós um afeto imenso e a nossa grande amiga morreu. É isso! O que acontece com a gente depois disso? É esse o assunto. A gente já viveu uma boa parte das nossas vidas, já não tem mais o consolo de ser totalmente jovem. Mas ainda tem um pouco. Às vezes a gente fica covarde, com medo de tudo, com medo dos nossos empregos, dos nossos casamentos, dos nossos filhos, com medo de sair na rua. Todo mundo evita todo mundo. Quase sempre, em quase todos os lugares, todo mundo se evita. Eu sei disso porque eu sou um desses todo mundo. E, para mim, isso é terrível. Mas a gente ainda está aqui, e a gente vai continuar.

ANDREA: Posso te perguntar uma coisa? O que é a liberdade para você?

MARIANA: A entrevista continua... [*pausa*] O mesmo que é pra você. Diz você o que é.

ANDREA: Não, me diz você!

MARIANA: Liberdade é só um sentimento, é só um sentimento. Difícil de explicar. É o mesmo que tentar explicar para alguém o que é estar apaixonado. Se essa pessoa nunca tiver se apaixonado por ninguém, então vai ser impossível explicar, mesmo que disso dependa toda a sua vida. Você pode até tentar descrever a sensação, mas não tem como definir. [*pausa*] Mas você sabe quando acontece! É isso o que eu chamo de liberdade. Algumas vezes, aqui, eu me senti realmente livre. E isso é imenso. É outra coisa, é como se, como se... Vou te dizer o que é a liberdade para mim: não ter medo. De verdade, não ter medo. Se eu pudesse ter isso metade da minha vida, viver sem medo... Muitas crianças vivem sem medo, elas conseguem estar no momento presente, simplesmente olhar as coisas, sem desviar a vista, esse é o melhor jeito que encontrei, o único que encontrei para descrever a liberdade, sei que isso não é tudo, mas é algo que a gente precisa, precisa sentir de verdade... Um jeito novo de ver, um jeito novo de ver alguma coisa!

Andrea começa a narrar o quinto gol, de Zico, na vitória de 6 a 0 do Flamengo sobre o Botafogo, em 1981.

ANDREA: "Lá vem caminhando Zico, entregou a Adílio, derrrrubado! É pênalti de Rocha em Adílio! Mário Vianna: Bem marcado, porque ele vinha correndo com a bola no chão e foi callllçado por trás, bem marcado. Prepara-se agora Zico, vai saindo da área perigosa o jogador Rocha, é um momento de grande emoção. Vive um momento de alegria inteeeeeeennnnnsa a torcida do Flamengo! Prepara-se agora o galinho, bola ajeitada, coloca-se o árbitro, adverte o goleiro, ordenou, Zico partiu, pé direito, ceeeesssta! Flamengo-o-o-o! Gooooooooooooooooooooool! Flamengo-o-o-o! Ziiiicãããooo! O camisa número 10! Quando eram decorrrrridos 30 crrrravados de luta na etapa final! E agora no placar: Flamengo-o-o-o 5! Nunes 9, Zico 10, Lincoln 11, Adílio 8, Zico outra vez! Botafogo-o-o-o zero! Mário Vianna: Gooool leeegaaalll!"

Risos. Caem no chão.

MARIANA: *Those actors, as I foretold you, were all spirits, and have melted into air, into thin air...*

Silêncio.

Bebem mais.

MALU: Ela era tão bonita...

MARIANA: Queria tanto acreditar que existe um outro lugar melhor do que esse aqui.

Malu canta "Dindi", de Tom Jobim.

MARIANA: Ela queria ir embora.

ANDREA: Foi um ato de coragem inesperado.

MARIANA: Eu quero ir embora.

ANDREA: Ela foi livre até na hora de morrer.

MARIANA: Mas ela tinha que ir desse jeito?

ANDREA: Um dia ela me disse uma coisa tão bonita: "Não entenda. Me entenda." E deu aquela gargalhada maravilhosa...

MALU: Você lembra do jeito que ela ria?

Andrea imita a gargalhada da amiga.

MALU: Não, não era assim. Faz direito.

MARIANA: Como é que faz pra voltar?

ANDREA: Como não era assim? Claro que era assim.

Andrea repete a imitação.

MARIANA: Não era assim.

ANDREA: Ela ria assim.

Andrea repete novamente a imitação.

MARIANA: Muito falso! Não era nada disso.

MALU: [*já exaltada*] Ela não ria assim, ela não era assim.

ANDREA: Claro que era. Ela passou rápido por aqui, abusou da máquina, queimou o pavio num piscar de olhos e explodiu tudo.

Andrea começa a cantar o início de "Billie Jean", de Michael Jackson.

As três bebem durante toda a cena.

ANDREA: "She was more like a beauty queen from a movie scene I said don't mind, but what do you mean I am the one..."

MALU: Horrível! Falso!

MARIANA: Sem paixão!

MALU: Mais uma vez! Mais uma vez!

Andrea recomeça.

ANDREA: "She was more like a beauty queen from a movie scene..."

MARIANA: Está ouvindo isto?

MALU: Que sotaque é esse?

MARIANA: Você não sabe falar inglês, não?!

MALU: Começa de novo, canta com verdade.

ANDREA: Eu não sei se consigo, eu bebi muito.

MARIANA: Alma! Alma! Alma!

ANDREA: [*bem alto*] Alma!

MALU: É assim que ela fazia! Alma! Cadê tua alma?

Andrea recomeça.

ANDREA: "She was more like a beauty queen from a movie scene..."

MARIANA: Você não ouviu o que ela te disse?

ANDREA: O quê?

MALU: É surda? Foi pior!

MARIANA: Sem sentimento. Está sem sentimento. Um pouco de sentimento. Sentimento. Eu quero ir embora.

Andrea recomeça com mais sentimento.

ANDREA: "She was more like a beauty queen from a movie scene..."

As duas riem dela. Mariana cai no chão de tanto rir.

MALU: [*gritando*] Tá muito fofo, tá meigo. Ela nunca foi fofa. Faz alguma coisa que saia do seu coração! Do seu coração! Do coração!

MARIANA: Olha só, a gente não está te criticando, mas a gente está te criticando, sim. Olha para a gente! Você não está falando com a gente, com estas pessoas.

ANDREA: E eu não estou?

Mariana arrasta Andrea até a frente do público.

MARIANA: Você tá esquecendo a gente. Aliás, você não tá falando com ninguém. Você não está falando para ninguém. Olha para a gente! Fala com a gente!

ANDREA: "She was more like a beauty queen from a movie scene..."

MALU: Está péssimo. Está tudo errado, está sem coração. Muita gente pode não concordar, mas eu estou achando isso terrível.

ANDREA: Fodam-se!

MALU: Sabe por quê?! Porque você se esconde da gente.

MARIANA: Cadê tua paixão?

MALU: Dá um beijo nela. Beija ela, ela é linda. Tem um rosto bem aqui na tua frente. Beija ela. Chupa ela.

Mariana força um beijo em Andrea. Malu se junta. Abraço de três.

MALU: Nunca faça isto de novo! Nunca! Nunca! Faça melhor! Você consegue fazer melhor? Eu vou tirar a roupa.

ANDREA: Não precisa!

MARIANA: Isso, tira a roupa.

Malu começa a se despir.

MALU: Eu tiro a roupa se você cantar melhor. Eu tiro a roupa! Agora vê se faz melhor. Faz! Isto é para mostrar o tanto que eu quero que você faça melhor. Agora faz melhor. Merda, acho que quebrei o zíper!

MARIANA: Você é fantástica! Uma salva de palmas para ela!

MALU: Agora canta!

Andrea fica em silêncio.

MALU: Pera aí!

MALU e MARIANA: 1, 2, 3, 4, 5, 6, 7, 8, 9, 10...

ANDREA: Eu não me importo!

MALU e MARIANA: [*rindo juntas com a piada*] ...11, 12, 13, 14, 15...

MARIANA: Vamos juntas!

Mariana e Malu começam a cantar juntas.

MARIANA e MALU: "She was more like a beauty queen from a movie scene... I said don't mind, but what do you mean I am the one..."

MARIANA: Agora é com você.

Malu se aproxima de Andrea e elas ficam rosto a rosto.

MARIANA: Quando você dorme, você fecha os olhos, não fecha? Por quê? Por quê? Porque você está dormindo.

MALU: Fecha os olhos. [*Andrea fecha*] Relaxa. Agora canta para mim. [*Malu acaricia seu rosto. Andrea canta de olhos fechados.*]

ANDREA: "She was more like a beauty queen from a movie scene... I said don't mind, but what do you mean I am the one..."

Enquanto Andrea canta, Malu beija sua boca.

Andrea segue cantando dentro da boca de Malu.

Andrea empurra Malu para longe.

ANDREA: Eu não me importo!

Andrea sai. As duas tentam convencê-la a voltar.

MALU: [*berra*] Divirta-se!

ANDREA: Eu não me importo. Eu não ligo!

MALU: Divirta-se ao cantar esta porra desta música!

MARIANA: Divirta-se ao cantar esta música!

ANDREA: Eu não me importo, caralho. Eu não ligo. Eu não estou nem aí.

MALU: Isto é honesto!

MARIANA: A gente te ama. A gente não tá de brincadeira, não. A gente te ama. Para de se esconder! Canta para a gente como se fosse ela.

Andrea volta.

Agora, ela é Kurt Cobain. Guitarra em punho, ela se pica com batom. Ataca a guitarra.

Interpreta "Breed", do Nirvana.

Malu e Mariana reagem ao rock´n´roll, dançando loucamente.

Durante o número, tudo começa a desmoronar.

O teatro cai.

Quando Andrea-Kurt termina, Mariana pega uma cadeira e, num ímpeto, tenta arrombar a porta no fundo do palco sobre a qual está escrito "SAÍDA". Joga a cadeira contra a porta.

Diante da impossibilidade de fazer essa saída literal, ela estaca.

Agora, Mariana é Jennifer Beals. Interpreta sua coreografia em Flashdance *ao som da música do filme.*

Como parte do número, Malu joga um copo d´água em Mariana. As duas incluem Andrea em uma grande brincadeira com a água, até ficarem encharcadas.

DEPOIS DA QUEDA

As três, exaustas, deitadas no chão.

MARIANA: A gente pode continuar?

MALU: Essa pergunta é pra mim?

ANDREA: Ou é pra mim?

MARIANA: É para a gente, pra todos nós aqui.

ANDREA: Basta a gente querer.

MARIANA: Mas o que a gente quer?

MALU: [*se levantando e encarando o público*] Eu não quero mais nada. Nada. Só quero mesmo ficar aqui sentada e olhar para vocês. Olhar para vocês como a gente olhava quando era criança e sabia olhar para o outro sem desviar a vista. Quando a gente não precisava dar conta de nada, e, por isso mesmo, dava. Quando se sentir em casa, aqui, neste mundo, era quase natural. Aqui com vocês, hoje, eu estou em casa. Eu não quero mais nada.

ANDREA: Eu só quero um pouco de silêncio. Um pouco de paz. Eu só quero a paz de ser quem eu sou, só. Comecei essa vida querendo ser livre. Eu quero a minha imagem de volta, quero a minha imagem para mim. Quero minha imagem nenhuma, entende? É muito simples: eu só quero desaparecer. Ser invisível no meio de pessoas invisíveis. Eu gosto tanto desta vida... Tem um troço muito estranho que me prende aqui, neste lugar. Seria tão bonito poder desaparecer, às vezes. Me misturar com o ar, virar uma partícula de poeira, poder ser outra, outra. [*pausa*] Olha para mim, vou te mostrar. Vocês estão me vendo?

Andrea desaparece progressivamente.

MARIANA: Sim.

ANDREA: E agora, ainda estão me vendo?

MALU: Sim, mas um pouco pior.

ANDREA: Um pouco pior é melhor. Mas e agora?

MARIANA: Quase nada. Um rostinho de criança.

ANDREA: Quase nada. Um rostinho de criança. É o meu rosto, você ainda está vendo?

MARIANA: Não, agora eu não estou vendo mais nada.

MALU: Eu também não.

Andrea desaparece completamente. Escuro.

O FIM E O PRINCÍPIO

As três, ainda no escuro.

MALU: Onde é que a gente estava mesmo?

MARIANA: Livre, né, minha filha.

MALU: A gente estava livre.

MARIANA: Está nervosa?

ANDREA: Eu, não!

MARIANA: Está o quê?

ANDREA: Estou livre.

Risos.

ANDREA: Como é que vocês se imaginam daqui a 30 anos?

MARIANA: Velha!

MALU: Como é que eu estou?

ANDREA: Está velha. Você daqui a 30 anos.

Pausa, risos.

ANDREA: E eu, como é que eu estou?

MALU: Velha, né! Você daqui a 30 anos.

ANDREA: Obrigada. [*pausa. Risos*] Que ótimo.

MARIANA: Que merda. Nós 30 anos depois.

ANDREA: A outra opção é bem pior...

MALU: Se eu morrer antes de vocês, vocês vão no meu enterro, mesmo que seja em outra cidade?

MARIANA: Eu vou, acho que eu vou, sim. Eu não tenho nenhuma vontade de pensar nisso, mas eu acho que eu vou. Só que eu tenho a impressão de que vou morrer primeiro.

MALU: A gente nunca sabe.

ANDREA: Claro que não, eu vou morrer primeiro, com certeza, do jeito que eu abuso da minha máquina.

MALU: Mas, se eu morrer primeiro, seria muito bom se vocês fossem no meu enterro.

MARIANA: Eu vou, com certeza.

ANDREA: Nós vamos, juntas.

Luz.

MARIANA: Mas será que a gente deixou de dizer alguma coisa para a outra que deveria ter dito? Eu espero que ainda haja coisas não ditas. Não é possível viver toda uma vida só com as coisas que a gente consegue dizer...

ANDREA: A nossa vida é isso. Tudo o que a gente fez até aqui. E tudo o que a gente disse ficou gravado, registrado de alguma maneira. Acho uma bênção, uma bênção poder dizer alguma coisa que importa. Sabe, eu não tenho vergonha nenhuma disso, eu acho maravilhoso poder dizer coisas. E a vida às vezes depende de tudo o que a gente é capaz de dizer.

Silêncio.

MARIANA: A gente está aqui há quanto tempo?

MALU: Não sei, uma vida. Ou mais.

ANDREA: Desculpe, querida, as coisas são como são.

MALU: Como é que a gente faz as pazes com a morte? Como é que a gente faz para viver de verdade esse espaço que fica entre o momento em que a gente começa e o momento em que a gente termina?

Silêncio.

MARIANA: A gente está aqui há quanto tempo?

MALU: Uma hora, um pouco mais, não sei.

ANDREA: Um pouco mais de uma hora das nossas vidas. É bastante, não é?

MARIANA: Tem que ser assim todos os dias?

ÚLTIMA HOMENAGEM

Andrea se dirige à plateia presente no velório da amiga.

ANDREA: Eu reconheço alguns de vocês, outros não, mas sei de uma coisa: só nos resta agradecer o privilégio de ter convivido com ela; a dádiva que foi o fato de ela ter existido e de ter sido exatamente como foi. Uma artista. Nômade. Totalmente honesta. Que passou rápido por aqui, abusou da máquina, queimou o pavio num piscar de olhos e explodiu tudo. Uma lágrima. Um minuto de silêncio. Um vazio. Um sorriso. E agora a nossa última homenagem.

Agora, Andrea, Malu e Mariana são Michael Jackson.

Interpretam "Billie Jean".

Interrompem subitamente a canção.

MARIANA: A gente pode terminar?

MALU: Essa pergunta é pra mim? A hora que a gente quiser.

MARIANA: Então a gente pode terminar?

ANDREA: Basta a gente querer.

FIM

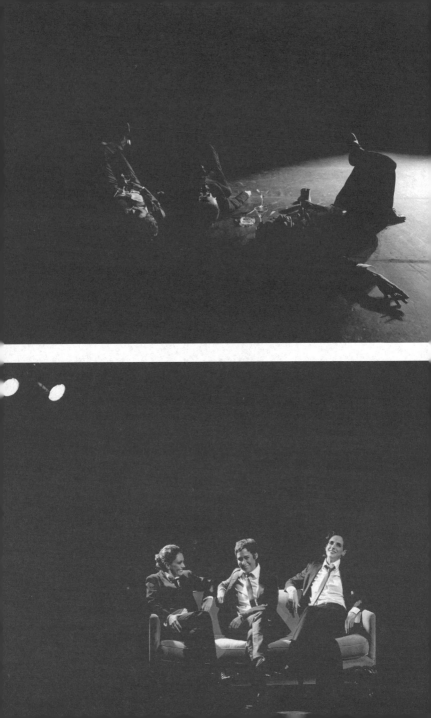

O dramaturgo como trapeiro: crônica de um processo

> Para o meu amigo Marcio Abreu,
> para a Andrea, a Mariana e a Malu,
> por essa beleza de viagem.

Primeiro, mal podemos descrever alguma coisa, a não ser um desejo ou desejos.

Assim se começa quando queremos fazer um filme, ou escrever um livro, ou pintar um quadro, ou compor uma música, ou, de resto, inventar alguma coisa.

Temos um desejo.

Desejamos que algo pudesse existir e depois trabalhamos até que isso aconteça. Desejamos acrescentar alguma coisa ao mundo, alguma coisa mais verdadeira, ou mais bonita, ou mais pungente, ou mais útil, ou simplesmente alguma coisa diferente de tudo aquilo que já há. E logo no começo, junto com o desejo, imaginamos também como esse "algo outro" poderia ser ou, pelo menos, vemos relampejar alguma coisa. Caminhamos depois nessa direção em que vemos uma luz, na esperança de não nos perdermos pelo

caminho e de não esquecermos ou trairmos o desejo inicial.
Eu desejei e vi brilhar um filme *em* e, por isso, *sobre* Berlim.

Wim Wenders, *A lógica das imagens*[1]

Esse fragmento, em que Wim Wenders recorda a gênese de seu filme *Asas do desejo* (ou, numa tradução literal do título original em alemão, *O céu sobre Berlim*), descreve à perfeição o ponto de partida de *Nômades*, que é certamente o trabalho mais pessoal que já fiz no teatro. Como é sempre muito difícil falar do mais íntimo, não pretendo, aqui, falar sobre o espetáculo — "Não adianta falar, entende? Tem que ver a peça!", diz uma de nossas personagens —, mas apenas sobre o processo que levou à sua criação. Embora esse processo esteja inscrito na peça tal como ela existe hoje e possa de algum modo ser entrevisto por qualquer um de seus espectadores ou leitores, a proposta de escrever livremente sobre as etapas do processo há de tornar visíveis novas camadas de leitura, não apenas do espetáculo, mas do projeto *Nômades* como um todo.

O desejo como origem: por um outro nomadismo

Tudo começou com uma residência realizada na sala de ensaios do Teatro Poeira entre 8 e 15 de abril de 2014. Além das três atrizes, estavam presentes o diretor Marcio Abreu, o dramaturgo Newton Moreno e eu, que àquela altura ainda não tinha um lugar claramente definido no âmbito do projeto e, por isso, me sentia literalmente um nômade.

A proposta daquela primeira semana era que, discutindo o tema do nomadismo como havia sido originalmente vislumbrado por Malu e Mariana — um nomadismo de matriz mais etnográfica, calcado em um encontro que as atrizes tiveram com uma "médica sem fronteiras" —, pudéssemos não apenas nos conhecer melhor, mas sobretudo investigar juntos como cada um de nós se localizava diante do projeto.

Relendo agora as primeiras palavras proferidas por Marcio em nosso primeiro encontro (que fiz questão de registrar, como registrei também quase tudo que se sucedeu), surpreendo-me ao constatar que, a despeito das inúmeras e inevitáveis mudanças de rota, algo do que a peça veio a ser já estava presente nas primeiríssimas palavras do diretor: "Nômade é uma *palavra-objeto*, uma *palavra-valise*, que deve servir como ponto de partida para tudo o que formos capazes de agregar a ela. Não penso em falar sobre viagens, não penso em estradas, em carroças. Penso, sim, em articular três atrizes em torno de uma ideia central: a ideia da imobilidade do nômade. Vejo três mulheres diante de mim: o que me interessa é saber o que acontece com elas enquanto estão ali. O nomadismo, nesse sentido, é antes o pretexto para a gente estar aqui juntos. Não acredito em temas como sustentadores da arte. Os temas tendem a se falar, não deixando que falemos por eles. Mas, é claro, isso não impede que estudemos os nômades. Ao negar o tema, estou afirmando-o."

De chofre, a partir do diálogo que se seguiu à provocação inicial do diretor, estabeleceu-se um primeiro deslocamento: não trataríamos os nômades como personagens históricos, não tentaríamos representar os nômades do deserto, os berberes, os ciganos, isto é, todos aqueles que a nossa imaginação tende a associar imediatamente à palavra. Não.

Nada de imagens prontas! "Nômades", como disse Andrea, "somos nós mesmos, aqui, agora".

Nômades do aqui e do agora, certo, mas em que sentido? Essa foi a questão que nos obsedou ao longo de toda aquela primeira semana. "Como pensar o nomadismo como conceito, mais do que como uma condição historicamente dada?", perguntou-se Malu.

A primeira ideia que se agregou à de nomadismo foi a de deslocamento. Uma série de deslocamentos perfaz uma trajetória. Uma trajetória que todos trazemos inscrita em nossos corpos, em cada vinco dos nossos rostos, em cada jeito de corpo, em cada modulação da voz. Uma trajetória que, curiosamente, torna-se tanto mais visível quanto mais estamos assim, em aparente repouso. Um fluxo de intensidades contraditórias como o que temos de mais próprio, como aquilo que nos constitui. Um devir que, interpretado *a posteriori*, é o mais próximo que jamais chegaremos de fixar o nosso ser. O ser como devir; a identidade como um possível instantâneo de algum momento, não raro arbitrário, da nossa história. Como libertar esse fluxo que nos constitui da máscara identitária com que o outro tende a nos aprisionar? Como seria possível nos desprendermos de todos os rótulos, recuperando nossa mobilidade originária? Como deixar que a alteridade, tudo aquilo que em nós entra em contradição com o que se espera de nós, possa vir à tona? Em suma: como fazer dessa experiência, dessa nossa vida juntos no Teatro Poeira, um espaço de liberdade e, consequentemente, de criação?

Mariana introduziu um primeiro caminho de resposta: "Somos tudo aquilo que acumulamos no caminho. Somos, em alguma medida, o fruto de nossas escolhas. Mas onde foram parar as coisas que largamos no caminho? As coisas que jogamos fora? O que poderíamos ter sido e não fomos? Somos sempre, também, o que poderíamos ter sido. Vamos sempre vivendo o que fomos afirmando. Mas e o que negamos? Onde estão todos esses vetores que, por um motivo ou outro, acabaram silenciados, mas que permanecem aqui, em nós, sempre prontos a despertar?"

Ouvindo essas palavras, que falavam em recolher os trapos dispersos no passado como caminho para a construção de novas possibilidades existenciais, todos nos encontramos pela primeira vez (e, já nesse momento, a imagem baudelairiana do poeta como trapeiro começou a ecoar em mim). Desse dia em diante, afirmou-se entre nós uma convicção, um desejo, um caminho que, como veríamos, seria o princípio estruturador de todo o nosso trabalho: "Quero ser outro (a)." Sim, juntos queríamos nos alterar, sair de nós, queríamos realizar algo que ainda não havíamos realizado, ser algo que ainda não havíamos sido. Naqueles primeiros dias, podíamos apenas suspeitar que esse "algo outro" seria o desvio necessário até nós mesmos. Mas era ainda difícil dimensionar o real sentido dessa "alter-ação", desse movimento em busca do outro de nós.

Estarmos ali, escutando uns aos outros com toda a generosidade e a abertura requisitadas por uma verdadeira escuta, era um primeiro passo, mas ainda insuficiente. Quem poderia nos ajudar nesse caminho? O que poderia nos guiar até essa *undiscovered land* de nós mesmos?

A princípio, Newton e Marcio evocaram a figura do travesti como emblema desse movimento em direção ao outro, dessa inadequação ontológica a si mesmo que se torna tanto mais eloquente quanto mais se manifesta como uma inadequação ao próprio corpo que nos foi destinado. Ocorre que, como bem notaram as atrizes, essa figura do travesti já havia sido tipificada socialmente, restando-lhe pouco da alteridade que efetivamente buscávamos. Se não os travestis, cada vez menos livres, encapsulados em uma máscara identitária (que se por um lado é indispensável para a conquista de direitos sociais básicos, por outro aproxima-se de uma máscara mortuária que trai a sua vocação original), quem seriam os nômades que buscávamos?

No âmbito dessa discussão, na qual as atrizes foram extremamente sinceras — como, aliás, seriam ao longo de todo o processo, já que é uma "bênção poder dizer coisas" — e deixaram clara sua recusa de encarnar travestis em nossa peça, me lembrei de uma crônica do Verissimo, lida em algum lugar do passado, em que ele propunha uma interpretação subversiva da figura de Michael Jackson.[2] Segundo sua argumentação, se não me engano construída logo após a trágica morte do astro, erravam os que acreditavam que Michael Jackson era apenas um negro que queria se tornar branco; ou um adulto que queria voltar a ser criança; ou um homem em crise de identidade sexual; ou mesmo um pedófilo. Nada disso. Para Verissimo, Michael Jackson foi alguém muito mais radical e singular, já que sua verdadeira aspiração seria a de se tornar pura e simplesmente outro, algo para além do humano, de quaisquer rótulos previamente existentes. Michael Jackson seria o verdadeiro "travesti", ao menos no sentido por nós buscado.

Nesse momento, algo aconteceu. Andrea e Marcio, entusiasmados, confessaram ser grandes fãs de Michael, e tornou-se claro para nós que, muito mais interessante do que abordar a figura dos nômades históricos ou mesmo desses nômades em relação ao próprio corpo que são os travestis, o caminho de criação da peça deveria tomar Michael Jackson como a figura paradigmática do nômade; alguém que, como diz a passagem mais reiterada do texto que viemos a escrever, "passou rápido por aqui, abusou da máquina, queimou o pavio num piscar de olhos e explodiu tudo".

A fulgurante entrada de Michael Jackson em cena, além de nos permitir pensar um outro nomadismo, aproximou a figura do nômade da nossa própria situação de artistas querendo ser outros. Afinal, quem mais do que o criador de "Billie Jean" viveu na pele a trágica contradição entre a pulsão essencialmente subversiva de ser outro e as máscaras sociais com que a opinião pública violentamente tenta fixar as celebridades em uma imagem estática, facilmente reconhecível? (Não espanta que, no final de sua carreira, ele insistisse em esconder o próprio rosto, sempre mutante.) Inspirados por essa "imagem nenhuma" de si mesmo que Michael Jackson sempre buscou, por uma outra leitura desse "quase ainda nem rosto", desse "rostinho de menino, de menos que menino"[3] que ele tentou forjar para si, um primeiro caminho subitamente se abriu diante de nós. Como vislumbrara o Marcio desde o começo de tudo, os nômades que buscávamos seriam justamente os artistas que, inconformados com qualquer fixidez, tentaram sempre desesperadamente mover-se, deslocar-se, descolar-se de todos os rótulos, justamente para permanecerem o que eram: artistas singulares para além de quaisquer identificações mercadológicas. A ideia da imobilidade do nômade, norteadora do processo, começava a ganhar mais clareza. Para permanecermos sempre outros, precisávamos ir além de todas as nossas imagens cristalizadas por trabalhos anteriores.

Tratado de nomadologia: O admirável mundo novo

A partir dessa percepção, adentramos o segundo momento de nossa residência, em que, buscando refinar a nossa compreensão do nomadismo como conceito, passamos à leitura e à discussão do *Tratado de nomadologia*, de Gilles Deleuze e Félix Guattari, texto que o Marcio sugerira como primeira leitura comum para todos os envolvidos no projeto.

Além da ideia da imobilidade do nômade, o *Tratado de nomadologia* nos brindou com uma série de novas ideias que, de um jeito ou de outro, acabaram por integrar o espetáculo. Relendo retrospectivamente as "Deleuzoloquias nômades" que redigi após a leitura desse texto, percebo que ao menos duas dessas ideias — uma que diz respeito aos aspectos ontológico e político do conceito de nomadismo e outra a alguns traços de uma possível estética nômade — acabaram por ser decisivas.

Com relação ao conceito de nomadismo, logo tornou-se claro que, assim como Marcio Abreu, Deleuze e Guattari não pensavam o nômade como um personagem histórico, mas como um modo de subjetivação. Nômade não é uma identidade, mas um devir possível. Como diria Beuys, todo mundo é nômade — o nomadismo tem um caráter ontológico, independentemente dos graus variáveis em que se pode efetivar empiricamente. Como diria Deleuze, ninguém é nômade — dado esse caráter ontológico, o nomadismo aparece como uma possibilidade existencial que fura o pensamento da identidade, servindo-lhe como ponto de fuga, e não podendo, por isso, jamais *ser* uma identidade. "O nômade é o Desterritorializado por excelência."[4] Nesse sentido, o nômade jamais poderá ser identificado com base em quaisquer referências ou características "territoriais", sejam elas sociais, psicológicas, históricas ou étnicas.

A primeira implicação disso na dramaturgia da peça foi a noção de personagem que adotamos: em vez de personagens com uma individualidade claramente identificável, dotados de uma história pessoal e de um nome próprio, o "personagem-nômade" — sem nome próprio e sem motivações psicológicas linearmente construídas —, aparece como suporte para as múltiplas forças e desejos que podem atravessá-lo. Essas forças e esses desejos, não raro súbitos e contraditórios, fazem com que, no âmbito de *Nômades*, cada uma das três atrizes seja antes definida por seus deslocamentos até outros afetos e lugares, deslocamentos que perfazem uma trajetória multifacetada, do que por uma biografia facilmente reconhecível, que tende sempre a permanecer refém de motivações psicológicas calcadas na crença em uma causalidade linear e, na pior das hipóteses, na noção de trauma. O mecanismo cênico que torna isso mais claramente visível são as dublagens, muito embora as transições rápidas e sem gradação de um estado para outro, de uma cena para outra, da alegria à tristeza, do choro ao riso, do desespero à aceitação de nossa finitude e à compreensão da urgência de "viver de verdade esse espaço que fica entre o momento em que a gente começa e o momento em que a gente termina" também possam ser remontadas a esse mesmo princípio. Sua formulação mais sintética pode ser extraída do próprio *Tratado de nomadologia*: "Os nômades não têm história, têm apenas geografia."

A segunda implicação do conceito deleuziano de nomadismo na dramaturgia do espetáculo tinge o texto da peça com um alcance político que talvez não seja imediatamente discernível. É que, em larga medida, o *Tratado de nomadologia* pode ser lido como uma obra de filosofia política. O nômade, segundo Deleuze e Guattari, é nômade apenas na medida em que combate a expressão máxima do pensamento identificador, ou, em vocabulário deleuziano, "estriado": a forma-Estado. Escrevem os autores do *Tratado de nomadologia*: "O espaço sedentário é estriado, por muros, cercados e caminhos entre os cercados, enquanto o espaço nômade é liso, marcado apenas por 'traços' que se apagam e se deslocam com o trajeto."[5]

O nômade, sob essa ótica, aparece como aquele que fura paredes — como a personagem da Mariana a certa altura da peça —, como aquele que assume para si a tarefa de "alisar o espaço", nele encontrando outros modos de habitação. Modos de habitação que, curiosamente, tendem a aparecer aos olhos das estruturas do poder estabelecido como violentos, tendo em vista que desmascaram a violência necessária à preservação da ordem vigente, denunciando toda a barbárie que subjaz à civilização e o mal-estar dela decorrente. O nômade, a partir dessa perspectiva que contrapõe duas formas de violência — a violência necessária à manutenção da ordem (ou, nos termos de Walter Benjamin, "violência mítica") e a violência indispensável à sua subversão (ou, ainda nos termos de Benjamin, "violência divina")[6] —, deixa de ser uma abstração filosófica e ganha concretude como uma força ética e política de resistência às violentas forças de fixação-definição-identificação às quais se opõe, criando sempre artimanhas para escapar a quaisquer rótulos ou limites preestabelecidos. Deleuze e Guattari cunham o conceito de "máquina de guerra" para dar conta desse conjunto de estratégias que levam os nômades a reagirem à violência da "forma-Estado" e afirmam que "os nômades são os inventores dessa máquina de guerra, sempre exterior ao aparelho de Estado".[7] Nas palavras do *Tratado de nomadologia*:

> Cada vez que há operação contra o Estado, indisciplina, motim, guerrilha ou revolução enquanto ato, dir-se-á que uma máquina de guerra ressuscita, que um novo potencial nomádico aparece, com a reconstituição de um espaço liso ou de uma maneira de estar no espaço como se este fosse liso.[8]

Se, a uma primeira leitura, a contraposição entre a forma--Estado e o pensamento nômade, entre o espaço estriado e o espaço liso parece não ter uma relação evidente com a peça teatral que acabamos realizando, basta atentar para o conceito de "imagem" como foi introduzido em nosso texto para tornar visível essa relação. A ambiguidade contida na palavra "imagem" é reveladora. Por um lado, aponta para uma figura que pode ser apreendida por categorias previamente existentes, que serve tão somente de base ao mecanismo de identificação característico do pensamento conceitual e da linguagem comunicativa, cuja encarnação paradigmática é a linguagem jornalística, quase sempre o avesso de toda a poesia. Pensada meramente como figura, a imagem existe apenas para ser reconhecida, provocando aquela satisfação fácil e rápida de quem se vale do outro apenas para reencontrar a si mesmo, para reafirmar uma compreensão do humano que já possuía e da qual não abre mão. Por outro lado, é possível pensar a imagem *in statu nascendi*, como o próprio movimento de aparecimento da realidade, anterior a qualquer categorização possível, a todo reconhecimento, a toda redução do inexplicável a uma explicação barata. "Não entenda, me entenda", diz uma de nossas personagens. Trata-se, sob essa ótica, da imagem como imaginação, do nascimento da imagem antes de sua cristalização em conceitos, da gênese da paisagem como um Cézanne tentou apreendê-la: antes de sua geometrização, de sua submissão às regras da perspectiva clássica — representantes da forma-Estado na pintura.[9] Perseguir essa imagem que não é ainda "imagem nenhuma" foi um de nossos principais objetivos. Afinal, e aqui voltamos à ideia da imobilidade do nômade, dispondo de um elenco com três atrizes célebres por seus trabalhos na televisão, era politicamente fundamental combater o culto à imagem das celebridades que as converte em mercadorias da indústria cultural, dificultando o "alisamento" do espaço indispensável à criação artesanal que caracteriza o teatro.

Nesse sentido, o "desejo de política" que marcou a criação desse espetáculo, não por acaso ocorrido em um conturbado período eleitoral, foi indissociável da tentativa de criar uma política do desejo capaz de agenciar as pulsões mais heterogêneas de todos os envolvidos no projeto em função de uma criação que se pudesse afirmar como efetivamente colaborativa e, mais que isso, comunitária. Uma criação em que todos tivessem voz, sem hierarquias, sem estriamentos.

Em nome dessa "política do desejo", tornava-se imperativo criarmos mecanismos para escutar de forma efetiva uns aos outros ao longo do processo, de modo que o desejo de sermos outros não permanecesse uma abstração e pudesse realmente produzir em cena os deslocamentos específicos que desejávamos. Sim, queríamos ser outros. Mas não quaisquer outros. Cumpria descobrirmos que outros queríamos de fato ser. Afinal — e esta foi uma das propostas mais radicais que se estabeleceram já naquela residência de abril —, a ideia era que, em nossa peça, criássemos espaço para todos os nossos desejos, por mais heterogêneos que pudessem ser. Ok, Mick Jagger, "you can't allways get what you want". *But sometimes you can.* "Basta a gente querer", como dizem as nossas personagens. Essa, ao menos, foi a nossa aposta originária.

Nesse ponto, Deleuze e Guattari deram uma contribuição "metodológica" fundamental. Em uma passagem bastante curiosa do *Tratado de nomadologia*, eles se põem a refletir sobre a metalurgia, pensando-a como modelar para uma estética nômade. Nessa reflexão, seu objetivo é delimitar um dos aspectos centrais do modo de subjetivação nômade: a sua recusa do hilemorfismo e das teorias estéticas tradicionais que pensam a matéria (*hýle*) como homogênea e passiva, por oposição à forma (*morphé*), definida como uma espécie de lei subjetiva onipotente que molda a matéria a seu bel-prazer. Eles escrevem:

> O que o metal e a metalurgia trazem à luz é uma vida própria da matéria, um estado vital da matéria enquanto tal, um vitalismo material que, sem dúvida, existe por toda parte, mas comumente

escondido ou recoberto, tornado irreconhecível pelo modelo hilemórfico. (...) O metal não é nem uma coisa nem um organismo, mas um corpo sem órgãos.[10]

Na sequência do *Tratado de nomadologia*, passando da metáfora metalúrgica à escultórica, é apresentada uma intuição central para a teoria estética que subjaz à nossa peça:

> Trata-se de seguir a madeira, e de seguir na madeira, conectando operações e uma materialidade, em vez de impor uma forma a uma matéria: mais que uma matéria submetida a leis, vai-se na direção de uma materialidade que possui um *nomos*, isto é, uma legalidade própria. Mais que de uma forma capaz de impor propriedades à matéria, vai-se na direção de traços materiais de expressão que constituem afectos. (...) Essa matéria-fluxo só pode ser seguida,[11] e jamais formatada segundo uma lei a ela extrínseca. Nada é mais desterritorializado do que a matéria-movimento.[12]

A partir da interpretação dessas passagens, desenhou-se o principal desafio da dramaturgia: o de seguir a pulsação de nossos desejos tão distintos, produzindo um texto antes inorgânico que orgânico, antes alegórico que simbólico, um texto que não tivesse vergonha de declarar a morte do "belo animal" de que falava Aristóteles,[13] e ainda assim fosse um belo texto, e não um mero roteiro para a exibição da técnica privilegiada de nossas três atrizes. Nossos desejos mais disparatados, e não raro indefiníveis, foram a matéria-movimento a partir da qual nasceu o espetáculo *Nômades*. Eis tudo.

Baudelaire e o poeta como trapeiro

Se, como aprendemos com o *Tratado de nomadologia*, nossa tarefa era seguir o fluxo da matéria, o veio da madeira, o *phylum* maquínico[14] de nossos desejos, conquistando um modo liso de habitar o teatro, urgia repensarmos a própria noção de autoria. Se, vulgarmente, a ideia de autor aparece associada à ideia de matriz teológica, de uma criação *ex nihilo* e, portanto, à busca pela "originalidade" a qualquer preço (não por acaso, o prêmio máximo da indústria cultural, o Oscar, faz uma problemática distinção entre "roteiro original" e "roteiro adaptado"), aqui também o autor precisava ser deslocado de seu lugar habitual. "Desce do trono, rainha, desce do teu pedestal, de que te vale a riqueza sozinha enquanto é Carnaval?"[15]

Para "alisar" também a ideia de autor, libertando-a da compreensão vulgar que faz ouvidos moucos à grande lição do Eclesiastes, "não há nada de novo sobre a terra" (se isso já era verdade na época do Antigo Testamento, imagina hoje em dia!), nossa principal inspiração foi o poeta Charles Baudelaire, ao menos como lido por Walter Benjamin. Em *A Paris do Segundo Império em Baudelaire*, Benjamin escreveu:

> Os poetas encontram nas ruas o lixo da sociedade e justo desse lixo tiram o seu assunto heroico. Assim, sobre o tipo ilustre do poeta aparece impresso um tipo ordinário. Seus traços são atravessados pelos traços do trapeiro, que sempre ocupou Baudelaire. Um ano antes de "O vinho dos trapeiros" foi publicada uma apresentação em prosa dessa figura: "Aqui temos um homem

— ele precisa recolher na capital os restos do dia que passou. Tudo o que a cidade grande jogou fora, tudo o que perdeu, tudo o que desprezou, tudo o que esmagou — ele registra e reúne. Ele compila todos os excessos, o cafarnaum dos dejetos; separa as coisas, faz escolhas espertas; procede como um avarento com um tesouro e se apega ao rebotalho daquilo que, entre os maxilares da deusa Indústria, será transformado em algo útil ou agradável." Essa descrição é uma única e extensa metáfora para o comportamento do poeta segundo o sentimento íntimo de Baudelaire. Trapeiro ou poeta — os dejetos dizem respeito a ambos; solitários, desempenham o seu ofício nas horas em que os burgueses se entregam ao sono; o próprio gesto é o mesmo nesses dois. Nadar menciona o *"pas saccadé"* [passo sincopado] de Baudelaire; esse é o passo do poeta, que erra pela cidade caçando rimas; precisa também ser o passo do trapeiro, que a todo instante interrompe seu caminho para recolher os despojos em que tropeça.[16]

A relação entre o poeta e o trapeiro que "compila todos os excessos, o cafarnaum dos dejetos; separa as coisas, faz escolhas espertas" foi fundamental para a construção da dramaturgia de um espetáculo nascido da escuta de tantos desejos preexistentes. Desejos que, como os trapos dispersos pelas ruas das grandes cidades, foram negados em momentos anteriores de nossas trajetórias, sem que com isso tenham sido pura e simplesmente eliminados; apenas permaneceram à espera de um novo despertar. Um despertar essencialmente dependente da escuta. Em *Nômades*, não é nunca o autor a origem, mas sempre os desejos. O autor, sob esta ótica que a um só tempo dignifica e marginaliza a sua função — "seja marginal, seja herói", escreveu Oiticica —, é um médium capaz de dar voz a forças que o ultrapassam, um colecionador de momentos luminosos da humanidade, um montador de tudo o que foi desprezado pela indústria, um despertador da vida que podia ter sido e por isso será. Em suma, um trapeiro.

Wim Wenders, outra referência importante em nosso trabalho, formulou esse mesmo pensamento com as seguintes palavras:

> Para mim, originalmente, tudo o que contava era a imagem. A precisão da imagem, a precisão de uma situação. Nunca a história. Esta noção me era estranha. A rigor, a soma de várias situações podia formar algo que poderíamos chamar de uma história, mas eu absolutamente não acreditava nela como uma proposta com começo, meio e fim. Foi fazendo *Paris, Texas* que eu tive uma espécie de revelação. Compreendi que a história era uma espécie de rio e que se assumíssemos o risco de pôr nosso barquinho ali, e confiássemos no rio, então o barco seria levado para algo mágico. Até então, eu tinha recusado a me deixar levar pelo rio. Eu tinha ficado numa pequena laguna ao lado, porque não tinha confiança. E foi com esse filme que compreendi que as histórias estão aí, que elas existem sem nós. Não há necessidade de criá-las, é a humanidade que as faz existir. Basta apenas deixar-se levar por elas. Desde esse dia, contar algo tornou-se um objetivo cada vez mais forte em minha abordagem do cinema, e o objetivo de fazer belas imagens passou para segundo plano. Por vezes tornou-se até mesmo um obstáculo. No início, o mais belo cumprimento que podiam me fazer era me dizer que eu havia criado belas imagens. Hoje, se me dizem isso, tenho a impressão de ter fracassado.[17]

Os trapeiros de Baudelaire e o criador todo ouvidos de Wenders, atento às histórias que a própria humanidade faz existir e que por isso existem independentemente de nós, tanto menos seus autores quanto mais nos arrogamos a pretensão de sê-lo, nos levaram a um encontro decisivo com outro cineasta, John Cassavetes, talvez a referência mais presente em *Nômades*. Tivemos a imensa alegria de recolher diversos trapos de sua trajetória, dispersos em várias entrevistas e principalmente em seu filme *Husbands*, e integrá-los ao nosso espetáculo. Cassavetes, além de ter sido um poeta trapeiro na melhor tradição de Baudelaire, foi também um artista que, como as nossas três protagonistas, viveu o dilema de ter surgido como um astro promissor da indústria cinematográfica para logo entender a impossibilidade de ali, em meio à rigidez de tantas fórmulas, encontrar sua voz, tendo perseguido sempre a vida que pulsava para além de todas as imagens estandardizadas. Por isso, do ponto de vista formal, seus filmes apenas registram fragmentos de humanidade, com toda a delicadeza de quem não quer vender nenhuma mensagem, de quem não acredita na estruturação mais estriada de todas — a de começo-meio-fim —, mas apenas deixa que a vida como ela é, *in statu nascendi*, possa aparecer.

Orientados por essa compreensão do dramaturgo como trapeiro, ao fim de nossa residência de abril e ao longo de todo o período de ensaios, entre 1º de agosto e 17 de outubro, fomos recolhendo diversas outras referências que, como no começo intuíamos apenas difusamente, tornariam palpável o nosso desejo de ser outros. Além dos já citados Deleuze e Guattari, Baudelaire, Benjamin, Wenders e Cassavetes, entraram em nosso caldeirão Nina Simone, Liv Ullmann, Erland

Josephson, Lacan, Žižek, Merleau-Ponty, Cézanne, Guimarães Rosa, Dick Cavett, Donna Summer, Robert Smith, Maria Bethânia, Amy Winehouse, Tom Jobim, Kurt Cobain, Jennifer Beals e, claro, Michael Jackson, o nômade dos nômades.

Curiosamente, como descobri num susto, o nosso "cafarnaum dos dejetos" foi o YouTube, que proporcionou achados maravilhosos para a nossa peça, que, no entanto, precisavam ser justapostos segundo algum princípio estrutural, que seria ainda descoberto, para configurar aquela unidade exigida de qualquer obra de arte, mesmo as mais fragmentárias. Se, como escreveram Deleuze e Guattari, por um lado era mister "jamais acreditar que um espaço liso basta para nos salvar",[18] por outro era preciso experimentar, ouvindo Nina Simone, como é "imenso não ter medo", como, para criar livremente algo que ainda não existe, basta descobrir um "jeito novo de ver, um jeito novo de ver alguma coisa".[19]

O período de fermentação: nasce a quarta atriz

Para que o caldeirão de referências em que mergulhamos ao longo da residência de abril pudesse começar a dar corpo a uma criatura cujos contornos não tínhamos como adivinhar e de forma alguma queríamos determinar previamente, foi fundamental o aparente período de suspensão dos nossos trabalhos, entre o dia 15 de abril e o dia 1 de agosto, quando nos reencontramos no Poeira para o começo dos ensaios propriamente ditos. Nesse período de fermentação de três meses e meio, tive apenas duas conversas com o Marcio, ambas por Skype, mas, tendo em vista que o Newton tinha uma série de compromissos em São Paulo e teria dificuldade para estar presente em todos os ensaios, como exigia a construção daquele texto a ser elaborado por dramaturgos-trapeiros, acabei sendo formalmente incorporado à equipe de dramaturgos. Já o Newton, depois de algumas idas e vindas nas primeiras semanas de ensaios, acabou assumindo de vez a sua condição de nômade, tendo optado por colaborar na construção do texto como um interlocutor privilegiado, cujas ponderações foram de grande valia.

Depois da minha última conversa com o Marcio, a menos de uma semana do começo dos ensaios, escrevi a seguinte entrada no meu diário do processo, que, àquela altura, valia apenas como uma proposta, que de forma alguma queríamos impor às atrizes, mas que, com o decorrer dos ensaios, acabou transformando-se em um dos fios condutores de *Nômades*. Cito uma passagem do texto que escrevi e que integra o programa do espetáculo:

Diário do processo — 26 de julho de 2014
A aletosfera impera. Depois da conversa com Marcio ontem no Skype, abro o jornal e leio um fragmento de uma entrevista com Mathieu Lindon, autor de um livro cujo título me chamou a atenção: *O que amar quer dizer*. Trata-se de uma possível epígrafe para a ideia de costura sobre a qual conversamos:
"Não sabia muito bem como escrever. Às vezes queria fazer como uma autobiografia que não falasse de mim. Gostaria de aparecer como aqueles narradores de Henry James, que são ao mesmo tempo personagens secundários e principais na trama."[20]

Nossas três atrizes, protagonistas indiscutíveis, precisam tornar-se "personagens secundárias" justamente para que suas máscaras não permaneçam coladas à face. Nunca é tarde demais, tio Fernando.[21] "O fim está no começo e no entanto continua-se."[22] A possibilidade de continuar, aqui, implica a descoberta de um "veio da pedra", de um ponto de fissura sobre o qual deve operar o nosso cinzel. "No meio da pedra, tinha um caminho."

O deslocamento característico dos nômades, pensado a partir da materialidade das personas artísticas de nossas três atrizes, deve aparecer como despersonalização. A despersonalização, por sua vez, outro nome possível para o devir deleuziano, deve colocá-las a serviço de algo outro, deve conduzi-las para fora de si. "Eu fica louco, eu fica fora de si, eu fica assim, eu fica fora de mim."[23] Essa despersonalização, ou "desrostização", na bela expressão da Claire Parnet, necessita de um "lugar vazio", um "ponto de fuga", um "objeto inominável" para o qual devem convergir todas as tentativas de nomeação. Teatro como música da luz, pintura do invisível, arte de fazer algo aparecer pela primeira vez, antes de qualquer definição, de qualquer identificação, de todo possível reconhecimento. Viva a dúvida de Cézanne![24] "Antes da palavra enunciada não existe nada, apenas a iminência da enunciação", como bem disse o Marcio Abreu.

Minha proposta é que o ponto de fuga para o qual devem convergir todas as forças que a cena irá agenciar, como as linhas de um quadro, seja uma quarta atriz, recentemente falecida, que de alguma forma marcou as vidas de nossas três atrizes. Essa quarta atriz, cuja identidade jamais chegaremos a fixar univocamente, é o invisível a ser encarnado, a ser materializado por nosso espetáculo. É um Cidadão Kane sem Rosebud. Quando abrimos mão de um redutor final, de *um* sentido, quando recusamos todas as categorias tradicionais que permitem identificar alguém, congelando-o em uma definição, em uma persona (sempre redutora e insuficiente), surpreendemo-nos com a descoberta de que, no teatro e fora dele, todas as vidas são infinitas. Se "de-finir" é dar fim, contornos claros e distintos, a verdadeira morte é a mumificação dogmática. (Em teatro, o nome para isso é "construção da personagem".) Se todo rosto tem um quê de máscara mortuária, só a descoberta de suas fissuras, imperfeições, contradições e desarmonias pode salvar a vida que nele ainda pulsa. O que nos leva à questão das questões: quem é essa quarta atriz? Como ela será evocada? Que elementos mobilizaremos para recontar e, assim, instaurar em cena sua vida?

Essa atriz não existe. Sendo todas as atrizes do mundo — e os atores também! —, ela, isso, o espaço-vazio, o ponto de fuga, não pode ser nada previamente determinado e tampouco postumamente determinável. Com o perdão do devaneio metafísico, diria que essa quarta atriz é a própria Vida (com V maiúsculo mesmo). A Vida da interpretação, é certo; a Vida do teatro, sem dúvida. Mas, em última instância, a Vida da vida. Ainda que essa ideia deva permanecer como algo de subterrâneo, indemonstrável diretamente, penso que é ela que nos permitirá colocar na peça tudo o que queremos. O que é a Vida da vida senão essa força que nos permite ser tudo o que somos, dizer honestamente tudo o que precisamos dizer sem cuidar das restrições à nossa liberdade impostas pelo olhar dos outros?

Gosto também de pensar nessa quarta atriz como a Vida porque o ponto de partida da peça é a sua morte. Qual é o entrelaçamento entre morte e vida? Entre vida e narração? Entre a sobrevivência pensada como uma "supervivência" e a sobrevivência pensada como uma "pós-vivência" que chama a atenção para o caráter inescapavelmente póstumo — pois que dependente da mediação da linguagem e da elaboração do sentido — de todos os momentos da vida que podem se tornar significativos, isto é, matéria da arte?

Deleuze e o conceito de entrevista

Ainda nessa mesma conversa com o Marcio, ocorrida exatamente uma semana antes do começo dos ensaios, ele fez referência a uma conversa entre Deleuze e Claire Parnet, na qual ambos discutiam "O que é e para que serve uma entrevista". Segundo a intuição de nosso diretor, o conceito de entrevista ali tematizado poderia ser uma ferramenta valiosa para que pudéssemos exprimir com maior clareza os desejos que nos moviam. Em vez de tentar construir indiretamente, por meio de "truques dramatúrgicos" calcados nas mais antigas técnicas de construção da personagem dramática, as motivações de nossas atrizes ao longo do espetáculo, parecia-lhe que deixá-las dizer, diretamente e sem maiores circunlóquios, aquilo que realmente importava para todos nós dependia de uma apropriação subversiva da própria ideia de entrevista. O conceito deleuziano de entrevista foi tão fundamental para a gestação de *Nômades*, que tomo a liberdade de reproduzir abaixo um fragmento de sua conversa com Claire Parnet; fragmento que, aliás, fizemos questão de inserir no programa da peça:

> É muito difícil de "se explicar" — uma entrevista, um diálogo, uma conversa. A maior parte do tempo, quando me põem uma questão, mesmo que ela me toque, me dou conta de que não

tenho estritamente nada a dizer. As questões se fabricam, como outra coisa qualquer. Se não deixam que você fabrique suas próprias questões, com elementos vindos de toda parte, de não importa onde, se as impõem a você, não há grande coisa a dizer. A arte de construir um problema é muito importante: a gente inventa um problema, um modo de compor um problema, antes de encontrar uma solução. Nada disso acontece em uma entrevista, em uma conversação, em uma discussão. Nem mesmo a reflexão de uma, duas ou mais pessoas basta. A reflexão não leva muito longe. Com as objeções é ainda pior. Cada vez que me fazem uma objeção, tenho vontade de dizer: "De acordo, de acordo, mas falemos de outra coisa." As objeções nunca levaram a nada. O mesmo acontece quando me põem uma questão genérica. O objetivo nunca é responder às questões, o objetivo é sair, sair delas. Muita gente pensa que é apenas repisando uma questão que se pode sair dela. "O que há com a filosofia? Ela está morta? Vai ser superada?" Isso é lamentável. As pessoas sempre voltam às mesmas questões para tentar sair delas. Mas uma saída nunca se faz dessa maneira. O movimento se dá sempre à revelia do pensador, ou no momento em que ele pisca os olhos. Já sempre se saiu, ou então nunca se sairá. As questões estão geralmente voltadas para um futuro (ou um passado). O futuro das mulheres, o futuro da revolução, o futuro da filosofia etc. Mas, durante esse tempo, enquanto giramos em torno dessas questões, há devires que operam em silêncio, que são quase imperceptíveis. Pensa-se demais em termos de história, pessoal ou universal. Mas os devires são geografia, são orientações, direções, entradas e saídas. Há um devir-mulher que não se confunde com as mulheres, com seu passado e seu futuro, e é preciso que as mulheres entrem nesse devir para sair de seu passado e de seu futuro, de sua história. Há um devir-revolucionário que não é a mesma coisa que o futuro da revolução, e que não passa necessariamente pelos militantes. Há um devir-filósofo que não tem nada a ver com a história da filosofia e passa, antes, por aqueles que a história da filosofia não consegue classificar. Devir não é jamais imitar, nem fazer de conta, nem ajustar-se a um modelo, seja ele de justiça ou de verdade. Não há um lugar do qual se parte nem um lugar ao qual se chega ou se deve chegar. Não se trata de trocar um lugar por outro. A questão "O que você está se tornando?" é particularmente estúpida. Pois à medida que alguém devém outro, o que ele devém muda tanto quanto ele próprio. Os devires não são fenômenos de imitação nem de assimilação, mas de dupla captura, de evolução não paralela, de núpcias entre dois reinos. As núpcias são sempre antinaturais. Já não há máquinas binárias: pergunta-resposta; masculino-feminino; homem-animal. Poderia ser isso então uma entrevista: simplesmente o rastro de um devir.[25]

Se, no âmbito da indústria cultural, a estrutura dos programas de entrevista tende apenas a cristalizar violentamente as imagens prévias que o entrevistador e seu público já possuem das "personalidades" entrevistadas, sendo quase sempre apenas uma forma disfarçada de propaganda em que nada de realmente novo pode ser dito — a regra de ouro da propaganda é tornar os produtos familiares, facilmente reconhecíveis, tirando deles toda a estranheza que possa gerar inquietação no comprador —, urgia que inventássemos em nossa peça um modelo de entrevista que pudesse justamente favorecer a irrupção do novo, do contraditório, do inesperado, de tudo aquilo que, em suma, traz as marcas dos desejos mais disparatados, da matéria-movimento cujo veio pretendíamos encontrar.

Àquela altura ainda não sabíamos como fazer isso, mas suspeitávamos que começar pedindo às três atrizes que entrevistassem umas às outras, parodiando ou subvertendo a lógica das entrevistas tradicionais, poderia ser um caminho interessante (um caminho que, como sabem os espectadores de *Nômades*, acabou por se mostrar fundamental para a estruturação do trabalho). Se a violência inerente à linguagem jornalística já era bastante conhecida de todas elas — não raro entrevistadas segundo os moldes tradicionais —, cumpria encontrarmos maneiras outras de ser em uma entrevista, maneiras inauditas de resistir à forma-Estado que marca as respostas impostas por entrevistadores que mal conseguem esconder a violência sob sua aparente simpatia. Nesse momento do processo, esbarramos por acaso — e viva a serendipidade! — em um maravilhoso vídeo de uma entrevista dada por John Cassavetes, Peter Falk e Ben Gazarra no *Dick Cavett Show*.[26] A postura dos três ao longo dessa entrevista (que recomendo fortemente que todos assistam) foi outra de nossas inspirações fundamentais ao longo do processo. Nela, a entrevista aparece como sempre deveria ser: um "rastro do devir", ou melhor, de devires sempre múltiplos e, como tais, indefiníveis, não apropriáveis por esse aparelho de captura que é o Estado. No âmbito da filosofia da linguagem que, de algum modo, incorporamos à nossa peça, isso significa: um espaço em que a palavra é uma ação, um gesto, mais do que mera comunicação; em que a linguagem, seguindo a trilha da poesia e não a do jornalismo, não visa a convencer nem ensinar nada a ninguém, mas apenas a deixar aparecer algo que instaura um "jeito novo de ver, um jeito novo de ver alguma coisa".

Marcio Abreu e a dramaturgia da cena

"When the prework is done, the rest is easy" [Quando a preparação do trabalho é bem-feita, o resto é fácil], disse Woody Allen em alguma entrevista, num rompante de otimismo. Sim, no dia 1º de agosto, quando começamos os ensaios de *Nômades*, muito de fato já havia sido pensado, mas ainda restava tudo a fazer. Por isso, eu diria que, se por um lado todo o trabalho prévio que realizamos entre abril e agosto foi sem dúvida fundamental — essa convicção me faz considerar que o nosso processo durou na verdade seis meses, e não apenas os dois meses e meio de ensaios propriamente ditos —, por outro, o resto só foi "fácil" — e é claro que o uso da palavra, aqui, é irônico — porque dispúnhamos de um diretor iluminado, com uma sensibilidade e uma capacidade de escuta que diariamente me deixavam boquiaberto, e de três atrizes fabulosas, cuja entrega ao trabalho teatral e disponibilidade para realizar com a radicalidade, a seriedade e a competência necessárias todas as propostas feitas pelo diretor permanecerão para mim como um exemplo a ser seguido por todos os que se dedicam à arte. Qualquer arte. Sempre. Isso para não falar nos outros membros da equipe, criadores de mão-cheia como Marcia Rubin, Felipe Storino, Cao Albuquerque, Natalia Duran, Nadja Naira, Fernando Marés, Eloy Machado, Lu Moraes, Nana Moraes, Maria Flor e Newton Moreno.

Seria impossível reconstituir aqui tudo o que se passou durante os ensaios, todas as maravilhas que tive a felicidade de testemunhar. A peça *Nômades*, como existe hoje, é o rastro desse devir. "Não dá para falar, entende? Tem que ver a peça." Registro apenas que, além do caldeirão de referências de que já dispúnhamos, e que ainda precisávamos digerir, articular, transformar e enriquecer, também o que aconteceu durante os improvisos propostos pelo diretor foi de fundamental importância para a construção do texto. Marcio Abreu, como ele próprio deixa claro em seu prefácio, é um artista que pensa "dramaturgia e encenação como duas instâncias muitas vezes indissociáveis". Por esse motivo, o texto final do espetáculo contém não apenas fragmentos devidamente deglutidos dos vídeos a que assistimos e dos livros que lemos ao longo do processo, mas também cenas brotadas dos exercícios propostos pelo Marcio nos ensaios e, claro, cenas "originais" que Marcio e eu sentimos a necessidade de escrever para tornar visível o jeito próprio que encontramos de dar vida a todo aquele manancial de desejos. Nesse sentido, *Nômades* é fruto de um processo colaborativo, esteticamente nômade, no sentido mais genuíno do termo.

Dentre as propostas feitas pelo diretor já no primeiro dia de ensaio, que geraram improvisos inesquecíveis, várias acabaram sendo assimiladas ao texto do espetáculo, sempre modificadas de acordo com o que veio a ser o que se poderia chamar de "discurso da peça". Um discurso que, é claro, eu não ousaria parafrasear, tendo em vista que em arte o "o quê" e o "como" são indissociáveis, fazendo de cada apresentação teatral algo de único. Ou, nas palavras de Octavio

Paz: "O sentido da imagem poética é a própria imagem: não se pode dizer com outras palavras. *A imagem explica-se a si mesma*. Nada, exceto ela, pode dizer o que quer dizer. Sentido e imagem são a mesma coisa. Um poema não tem mais sentido que suas imagens."[27]

O primeiro exercício, em que o Marcio propôs às atrizes que usassem as três portas da sala de ensaios para fazer a princípio três, depois nove, depois 18 entradas e saídas sucessivas, sempre mudando abruptamente de estado a cada transição, acabou incorporado não apenas ao belo cenário da peça, idealizado pelo próprio Marcio e por Fernando Marés (cenógrafo habitual da Companhia Brasileira), mas serviu também como *Leitmotiv* para a direção das atrizes. Em vez das típicas mudanças graduais e psicologicamente motivadas das personagens dramáticas, *Nômades* é uma peça marcada por deslocamentos e mudanças de estado abruptas. Nesse aspecto, em que pese a estranheza do procedimento a olhos acostumados a um drama de matriz mais convencional, a peça alcança uma tradução mais realista da violência das pulsões do que as obras nas quais essa violência é psicologicamente motivada e, desse modo, domesticada.

O segundo exercício proposto pelo diretor ainda naquele primeiro dia — o das "ações impossíveis" — também trouxe belos trapos recolhidos posteriormente pela dramaturgia. Cada atriz tinha a tarefa de realizar três ações virtualmente impossíveis de se realizar no teatro. Dentre as ações que surgiram, duas acabaram se transformando em momentos-chave do texto da peça: a de Mariana tentando atravessar uma parede valendo-se de apenas uma cadeira (ação mais tarde ressignificada como a tentativa nômade de alisar o espaço, de encontrar uma saída, "uma porta ao pé de uma parede sem portas"); e a de Andrea literalmente desaparecendo em cena, com o apoio da iluminação mais que inspirada de Nadja Naira, outra parceira habitual do Marcio e também integrante da Companhia Brasileira.

Finalmente, a terceira proposta feita pelo Marcio, ainda naquele primeiro dia, foi que as atrizes improvisassem diante da câmera de Maria Flor, que registrou com enorme delicadeza todo o processo, um monólogo que teria como mote a frase "eu tô exausta". Como os espectadores (e agora os leitores) de *Nômades* certamente terão percebido, um desses monólogos, com pequenas modificações e interpolações de fragmentos dos outros dois monólogos criados naquele dia, acabou se tornando um momento luminoso da Malu na peça.

Nos dias seguintes, novos improvisos renderam mais elementos à dramaturgia. Tomando como ponto de partida a leitura do texto de Deleuze sobre o conceito de entrevista, as atrizes fizeram diversos exercícios entrevistando umas às outras, às vezes realmente tentando dizer coisas que importavam, outras simplesmente parodiando a forma-entrevista tradicional. Um desses improvisos, também registrado em vídeo por Maria Flor, acabou sendo transcrito e serviu de base, após passar por uma longa série de tratamentos, para a segunda cena da peça.

Igualmente importante foi a análise coletiva de vídeos de entrevistas emblemáticas da possibilidade de subversão da forma-entrevista padrão. Após a análise desses vídeos, o Marcio sempre propunha que as atrizes improvisassem com base nas ideias nascidas de nossas conversas, no sentido de dar corpo, gesto e voz a essas ideias, jamais deixando-as permanecerem apenas como puras ideias. Esse procedimento essencialmente tradutório foi fundamental para a "autoria do texto", na medida em que o processo de incorporação dessas referências ao espaço físico de nossa sala de ensaios e ao espaço existencial da nossa peça exigiu sempre uma transformação dos materiais dos quais partimos; uma apropriação antropofágica na qual as atrizes colaboraram de maneira decisiva. Dentre as entrevistas aproveitadas no texto da peça, destacam-se a já aludida entrevista de Cassavetes, Falk e Gazzara no *Dick Cavett Show*; uma "entrevista", ou melhor, uma conversa entre Liv Ullmann e Erland Josephson, os dois já bem velhinhos; e, finalmente, uma entrevista de Nina Simone sobre a liberdade.

Naturalmente, haveria ainda muitos outros paralelos a traçar entre os improvisos feitos durante os ensaios e o modo como, após serem ressignificados pelo trabalho da dramaturgia, eles acabaram integrando o texto do espetáculo. Tendo em vista que o presente texto pretende ser também uma memória do que foi o nosso processo, me permiti o luxo de ser tão exaustivo quanto possível nessa rememoração. Mas, como uma de nossas personagens diz nos momentos finais da peça, "espero que ainda haja coisas não ditas, já que não é possível dizer toda uma vida só em alguns instantes".

"No princípio, eram as dublagens"

Se este ensaio terminasse aqui, por mais que eu tenha abordado quase todos os aspectos relevantes para a compreensão do nosso processo de trabalho, ainda assim faltaria o essencial: um relato sobre as dublagens, que servem de base para alguns dos momentos sensoriais mais marcantes e memoráveis do espetáculo, e simultaneamente contêm o princípio mais importante para a inteligibilidade do sentido da peça como um todo. Nas dublagens, ouso afirmar, sensação e sentido realizam essa quimera que é um casamento feliz.

Mais do que um exercício específico, como tantos outros propostos pelo Marcio ao longo dos ensaios, as dublagens constituíram-se em verdadeira obsessão de nosso diretor. Confesso que na primeira vez que ele pediu que as atrizes preparassem em casa a dublagem de alguma canção de que gostassem, não entendi aonde ele queria chegar, e tomei aquilo mais como uma estratégia para descontrair ludicamente o ambiente do que como uma verdadeira proposta que poderia ser incorporada ao espetáculo. A coisa toda, ao menos do meu ponto de vista limitado, era só uma brincadeira e, quando muito, um exercício de virtuosismo técnico. "O Marcio é maluco", pensava eu com meus botões, a um só tempo desconfiado da proposta e encantado com a sua contagiante liberdade criativa. Já na primeira semana de ensaios, em todo caso, ficaram instituídas as sextas musicais, quando Andrea, Malu e Mariana nos apresentariam dublagens-surpresa, sempre regadas a álcool e tabaco.

Como escreveu o jovem Truffaut à época do lançamento do filme *Acossado*, de seu amigo Godard, "não tentarei comunicar àqueles que não a sentem a alegria física"[28] que senti ao ver pela primeira vez as dublagens realizadas por nossas três atrizes. Posso apenas dizer que, a princípio sem entender o que se passava, fui arrebatado de tal forma pelo súbito aparecimento, diante de mim, de Donna Summer, Phil Collins e Maria Bethânia, que imediatamente entendi, como o Polônio de *Hamlet*, que, embora loucura, [a proposta do Marcio] tinha lá o seu método. Diante da força daquela verdadeira transubstanciação, e vale lembrar que as dublagens eram sempre surpresa — as atrizes saindo do banheiro no breu total, transformadas nas figuras que dublavam, de modo que só sabíamos quem elas haviam se tornado quando começava a música e acendiam-se as luzes —, toda a minha desconfiança sucumbiu imediatamente. Era imperativo que nós, os dramaturgos, déssemos um jeito de incorporar aquela explosão ao texto da peça.

Depois de algumas semanas trabalhando nessa direção, finalmente encontramos um caminho no dia 22 de agosto. As dublagens irromperiam abruptamente em alguns momentos escolhidos a dedo, e interrompendo no meio a entrevista com a Andrea que abre a peça. Ao chegar em casa, naquele dia, depois de ver a precisão com que o Marcio orquestrou as súbitas mudanças de estado (e de roupa!) das três, escrevi a seguinte entrada no meu diário do processo:

Diário do processo — 22 de agosto de 2014
Na cena das dublagens, é fundamental evitar a sátira, a armadura da autocrítica, e imprimir à interpretação a força de uma "fé cênica" transbordante e arrebatadora. Tem que ser uma delícia simplesmente olharmos aquelas três mulheres, independentemente de sua inscrição narrativa. Momento "sensacional" da peça, em que as sensações devem sobrepujar a busca por sentido.

Na "volta" das dublagens para a situação-entrevista, é preciso que alguma transformação profunda já se tenha operado na postura das três. Agora montadas com os figurinos das cantoras dubladas, seria uma forçação de barra formalista tentar simplesmente retomar o estado da primeira parte da entrevista como se nada tivesse acontecido. Nas dublagens, acontece alguma coisa que as transforma, transtorna, emociona profundamente. Por isso, o texto da segunda parte da entrevista precisa tocar mais diretamente a contradição entre o momento intenso de vida recém-vivido e a melancolia que brota da consciência de que, justamente por conta de sua intensidade, tais instantes não têm como serem vividos indefinidamente. A alegria de encarnar uma personagem com toda a fé cênica é proporcional à dor de viver sua desaparição. A morte da quarta atriz é aqui aludida indiretamente como a morte das personagens pelas quais essas três atrizes passaram ao longo de suas trajetórias. Na volta à situação-entrevista, é preciso que as três se dispam inteiramente de uma certa artificialidade que marcara a primeira parte da entrevista.

Essa indicação nos leva à formulação de um princípio estrutural fundamental para a peça: tudo que acontece tem que acontecer de verdade. A representação "da verdade" não se confunde com a representação "da realidade" (em sentido vulgar). A verdade da representação não é medida por sua pretensa fidelidade a uma verdade/realidade previamente existente, aquela das nossas vidas empíricas. Todos os espelhos já se partiram, assim como nossa crença na transparência desses objetos que os índios tomavam como mágicos, demoníacos. A verdade da representação aparece como uma fidelidade aos afetos mais extremos que tomarão corpo em nossas atrizes ao longo de suas trajetórias na peça. Trata-se da busca por um hiper-realismo: não a fidelidade à realidade do mundo como ele é, mas como ele deveria ser — um mundo efetivamente mais humano, como o dos personagens de Cassavetes. É a qualidade das relações, com tudo que elas guardam de extremo, estranho, inesperado e caloroso, que imprimirá verdade à peça. "Está na hora de essa cidade crescer", de parar de viver de aparência e se aventurar por águas mais profundas. Se se trata de mimetizar algum aspecto da vida como ela já é, o modelo deve ser as relações afetivas (extremas, estranhas, inesperadas, demasiadamente humanas) construídas na sala de ensaios. O bom é que, nesse caso, o modelo não preexiste à cópia. No movimento mesmo de copiarmos (ou representarmos) esse modelo que difusamente intuímos é que o próprio modelo ganhará contornos. É o velho paradoxo do ser: o antes que só se mostra depois. Em termos éticos, na formulação de Píndaro: "Venha a ser o que tu és." Se o que "tu és antes" é o indispensável horizonte para o vir a ser singular de cada um, isso que "tu és antes" só se mostra depois, isto é, só se mostra se somos bem-sucedidos em agarrar nossas pulsões pelo chifre, em realizar possibilidades que só aparecem como efetivamente possíveis depois de sua atualização.

Relendo agora essas notas escritas no calor da hora, me dou conta de como todos os elementos da peça aparecem articulados em torno das dublagens, que funcionam como a pedra magnética de que falava Platão no *Íon*.[29] Elas servem, a um só tempo, para dar vazão ao desejo original de sermos outros; para constituir uma "máquina de guerra" que subverte a forma-entrevista padrão, na melhor tradição de Cassavetes; para marcar uma mudança abrupta de estados afetivos, estabelecendo a nossa compreensão de "personagem-nômade"; para garantir um destino pulsional à energia subitamente liberada pela morte da quarta amiga, tornando urgente viver de verdade; para apresentar indiretamente as particularidades de cada uma das nossas três personagens, uma mais Donna Summer e Kurt Cobain, outra mais Robert Smith e Jennifer Beals, outra mais Maria Bethânia e Amy Winehouse; para tornar palpável o sentido deleuziano do nômade como alguém que não se move, que se desloca até o outro para poder permanecer puro devir; para exprimir a tragédia da imagem, já que alguns dos astros dublados (Kurt, Amy e Michael) literalmente não suportaram a violência do mecanismo de identificação; para mostrar como o caminho até si mesmo passa pelo desvio que são as pessoas que admiramos; para falar da vida dos artistas, nômades por definição, que se exprimem sendo sempre outros; para cantar, com todo o som e a fúria necessários, a beleza desta vida; para dizer coisas; para ser coisas; para fazer coisas; e... e...

Ainda que as possíveis interpretações das dublagens sejam virtualmente infinitas, termino com a visão do próprio Baudelaire, que, depois de assistir à nossa peça, nos deu um belo retorno: "O poeta goza desse incomparável privilégio de poder ser, conforme queira, ele mesmo e um outro. Como essas almas errantes que procuram um corpo, ele entra, quando quer, no personagem de qualquer um. Para ele apenas, tudo está disponível; e se alguns lugares lhe parecem vedados, é porque aos seus olhos não valem a pena ser visitados."[30]

Patrick Pessoa
Janeiro de 2015

Referências bibliográficas

1. WENDERS, Wim. "An attempted description of an indescribable film". In: *The logic of images*. London/Boston: Faber and Faber, 1992, p. 73.

2. VERISSIMO, Luis Fernando. *Além do nariz*. Disponível em: http://noblat.oglobo.globo.com/cronicas/noticia/2009/07/alem-do-
-nariz-201036.html.

3. GUIMARÃES ROSA, J. "O espelho". In: *Primeiras estórias*. Rio de Janeiro: José Olympio Ed., 1976, pp. 61-8.

4. DELEUZE, G.; GUATTARI, F. "Tratado de nomadologia". In: *Mil platôs, capitalismo e esquizofrenia*, vol. 5. Tradução de Peter Pál Pelbart e Janice Caiafa. São Paulo: Ed. 34, 2005, p. 53.

5. Ibidem, p. 52.

6. Cf. BENJAMIN, W. "Para uma crítica da violência". In: *Escritos sobre mito e linguagem*. São Paulo: Ed. 34, 2011, p. 150: "A violência divina se opõe à violência mítica. Se a violência mítica é instauradora do direito, a violência divina é aniquiladora do direito."

Para um comentário a esse instigante texto de Benjamin, ver a entrevista de Slavoj Žižek no *Roda Viva*: "O que Benjamin chamava de *violência divina* é uma contraviolência contra a violência do Estado, a *violência mítica*. (...) Sou a favor da violência, mas acho que Gandhi foi mais violento do que Hitler." (https://www.youtube.com/watch?v=YRLkt5uadWA)

7. DELEUZE, G.; GUATTARI, F. Op. cit., p. 50.

8. Ibidem, p. 60.

9. Cf. MERLEAU-PONTY, M. "A dúvida de Cézanne". In: *O olho e o espírito*. São Paulo: Cosac Naify, 2004, p. 128: "Cézanne não acreditou ter que escolher entre a sensação e o pensamento, como entre o caos e a ordem. Ele não quer separar as coisas fixas que aparecem ao nosso olhar e sua maneira fugaz de aparecer, quer pintar a matéria em via de se formar, a ordem nascendo por uma organização espontânea. Não estabelece um corte entre os 'sentidos' e a 'inteligência', mas entre a ordem espontânea das coisas percebidas e a ordem humana das ideias e das ciências."

10. DELEUZE, G.; GUATTARI, F. Op. cit., p. 94.

11. Ibidem, pp. 90-1.

12. Ibidem, p. 99.

13. ARISTÓTELES. *Poética*. São Paulo: Ars Poetica, 1992, p. 47.

14. Cf. DELEUZE, G.; GUATTARI, F. Op. cit., p. 91. "O *phylum* maquínico é a materialidade, natural ou artificial, e os dois ao mesmo tempo, a matéria em movimento, em fluxo, em variação, como portadora de

singularidades. Daí decorrem consequências evidentes: essa matéria-
-fluxo só pode ser seguida. Sem dúvida, essa operação que consiste
em seguir pode ser realizada num mesmo lugar: um artesão que aplaina
segue a madeira, e as fibras da madeira, sem mudar de lugar. Mas essa
maneira de seguir não passa de uma sequência particular de um processo mais geral, pois o artesão, na verdade, é forçado a seguir também de
uma outra maneira, isto é, a ir buscar a madeira lá onde ela está, e não
qualquer uma, mas a madeira que tem as fibras adequadas."

15. Ver a canção de Arnaldo Antunes intitulada "Desce", de seu álbum *O silêncio*. (http://letras.mus.br/arnaldo-antunes/91597/)

16. BENJAMIN, Walter. "Das Paris des Second Empire bei Baudelaire". In: *Gesammelte Schriften* (Band I.2). Frankfurt am Main: Suhrkamp, 1991, p. 582. (Tradução: Patrick Pessoa)

17. TIRARD, L. *Grandes diretores de cinema*. Rio de Janeiro: Nova Fronteira, 2006, pp. 118-9.

18. TIRARD, L. *Grandes diretores de cinema*. Rio de Janeiro: Nova Fronteira, 2006, pp. 118-9.

19. DELEUZE, G.; GUATTARI, F. Op. cit., p. 214.

20. Ver a entrevista de Nina Simone sobre a liberdade: https://www.youtube.com/watch?v=ySYRI4wXUpo.

20. PROSA & VERSO, *O Globo*, 26 jul., 2014. Disponível em: http://oglobo.globo.com/cultura/livros/jornalista-escritor-frances-conta-em-
-livro-sua-intensa-relacao-com-michel-foucault-13379476.

21. Cf. PESSOA, F. (Álvaro de Campos) "Tabacaria": "Fiz de mim o que não soube/ E o que podia fazer de mim não o fiz./ O dominó

que vesti era errado./ Conheceram-me logo por quem não era e não desmenti, e perdi-me./ Quando quis tirar a máscara,/ Estava pegada à cara./ Quando a tirei e me vi ao espelho,/ Já tinha envelhecido./ Estava bêbado, já não sabia vestir o dominó que não tinha tirado./ Deitei fora a máscara e dormi no vestiário/ Como um cão tolerado pela gerência/ Por ser inofensivo/ E vou escrever esta história para provar que sou sublime."

22. BECKETT, S. *Fim de partida*. São Paulo: Cosac Naify, 2002.

23. Ver a canção de Arnaldo Antunes intitulada "Fora de si", de seu álbum *Ninguém*. (http://letras.mus.br/arnaldo-antunes/91629/)

24. Cf. MERLEAU-PONTY, M. Op. cit.

25. DELEUZE, G.; PARNET, C. "Un entretien, qu'est-ce que c'est, a quoi ça sert?". In: *Dialogues*. (Tradução: Patrick Pessoa)

26. Ver a entrevista de John Cassavetes, Ben Gazarra e Peter Falk no *Dick Cavett Show*: https://www.youtube.com/watch?v=N2PJuDoO7UA.

27. PAZ, Octavio. *O arco e a lira*. Rio de Janeiro: Nova Fronteira, 1982, p. 133.

28. TRUFFAUT, F. *Les films de ma vie*. Paris: Flammarion, 1998. (Tradução: Patrick Pessoa)

29. PLATÃO. *Íon*. Belo Horizonte: Autêntica, 2011, p. 37: "SÓCRATES: O que te faz interpretar bem Homero, Íon, não é uma técnica, mas um poder divino que te move, como na pedra que Eurípides chamou de magnética. Pois essa pedra não apenas atrai os próprios

anéis de ferro, mas também coloca nos anéis um poder tal que eles são capazes de fazer isto do mesmo modo que a pedra: atrair outros anéis; de tal modo que, às vezes, numa grande série, os anéis de ferro pendem totalmente uns dos outros; mas, para todos, esse poder depende daquela pedra. E também assim a própria Musa cria entusiasmados, e através desses entusiasmados uma série de outros entusiastas é atraída."

30. BAUDELAIRE, Charles. "Les foules". In: *Le Spleen de Paris (Petits Poèmes en Prose)*. Paris: Flammarion, 1987, p. 94. (Tradução: Patrick Pessoa)

© Editora de Livros Cobogó
© Marcio Abreu, Patrick Pessoa

Editora-chefe
Isabel Diegues

Editoras
Barbara Duvivier
Mariah Schwartz

Coordenação de produção
Melina Bial

Revisão
Eduardo Carneiro

Projeto gráfico e diagramação
Mari Taboada

Capa
Cubículo

Fotos de cena
Nana Moraes

CIP-BRASIL. CATALOGAÇÃO-NA-FONTE
SINDICATO NACIONAL DOS EDITORES DE LIVROS, RJ

A146n   Abreu, Marcio
Nômades / Marcio Abreu, Patrick Pessoa. - 1. ed.- Rio de Janeiro: Cobogó, 2015.
112 p. : il. (Dramaturgia)

ISBN 978-85-60965-88-5

1. Teatro brasileiro. I. Pessoa, Patrick. II. Título. III. Série.

15-25505   CDD: 869.92
CDU: 821.134.3(81)-2

Nesta edição foi respeitado o Acordo Ortográfico da Língua Portuguesa de 1990, que entrou em vigor no Brasil em 2009.

Todos os direitos em língua portuguesa reservados à
Editora de Livros Cobogó Ltda.
Rua Jardim Botânico, 635/406
Rio de Janeiro – RJ – 22470-050
www.cobogo.com.br

Outros títulos desta coleção:

ALGUÉM ACABA DE MORRER LÁ FORA, de Jô Bilac

NINGUÉM FALOU QUE SERIA FÁCIL, de Felipe Rocha

TRABALHOS DE AMORES QUASE PERDIDOS, de Pedro Brício

NEM UM DIA SE PASSA SEM NOTÍCIAS SUAS, de Daniela Pereira de Carvalho

OS ESTONIANOS, de Julia Spadaccini

PONTO DE FUGA, de Rodrigo Nogueira

POR ELISE, de Grace Passô

MARCHA PARA ZENTURO, de Grace Passô

AMORES SURDOS, de Grace Passô

CONGRESSO INTERNACIONAL DO MEDO, de Grace Passô

IN ON IT | A PRIMEIRA VISTA, de Daniel MacIvor

INCÊNDIOS, de Wajdi Mouawad

CINE MONSTRO, de Daniel MacIvor

CONSELHO DE CLASSE, de Jô Bilac

CARA DE CAVALO, de Pedro Kosovski

GARRAS CURVAS E UM CANTO SEDUTOR, de Daniele Avila Small

OS MAMUTES, de Jô Bilac

INFÂNCIA, TIROS E PLUMAS, de Jô Bilac

NEM MESMO TODO O OCEANO, adaptação de Inez Viana do romance de Alcione Araújo

2015

1ª impressão

Este livro foi composto em Univers.
Impresso pela gráfica Stamppa
sobre papel Soft 80g/m².